CORRER

TODO LO QUE NECESITA SABER PARA CORRER DIVERTIRSE, PONERSE EN FORMA Y COMPETIR

EQUIPO Y SEGURIDAD

RESISTENCIA Y FONDO

PREPARACIÓN MENTAL

NUTRICIÓN Y SALUD

EJERCICIOS DE VELOCIDAD

PLANES DE ENTRENAMIENTO

CORRER

TODO LO QUE NECESITA SABER PARA CORRER DIVERTIRSE, PONERSE EN FORMA Y COMPETIR

Biblok

Redacción: Inés Lara
Diseño: Mercedes Rojas

Depósito legal: B. 12644-2013
ISBN: 978-84-940521-4-9

Impreso en España – *Printed in Spain*

Parte I

Parte II

Parte III

Parte IV

*La conquista de uno mismo
es la mayor de las victorias.*
PLATÓN

Filípides tenía un motivo bien claro para recorrer corriendo los cuarenta kilómetros que separan Atenas del campo de Maratón. Pero nosotros, que no tenemos ninguna noticia urgente que comunicar a nuestros conciudadanos, ni sentimos ni mucho menos que en ese empeño nos vaya la vida o el honor, ¿por qué razón queremos ponernos a correr?

Muchos son los que se acercan a este deporte porque es la manera más sencilla, barata y eficaz de ponerse en forma. Si uno desea abandonar el sedentarismo e iniciar una actividad física, para mejorar la salud o quitarse algún kilo de más, basta con que se calce unas zapatillas deportivas, se ponga encima una ropa cómoda y ligera, y salga a la calle a correr. No existe deporte más democrático y agradecido.

Ciertamente, el deseo de ponerse en forma y perder peso suele ser el motivo original por el que la gente que no ha corrido nunca se plantea por primera vez salir a correr. Ahora bien, si usted ya ha probado alguna vez la experiencia de correr como un hábito, y en algún momento el correr ha llegado a ser una parte de su estilo de vida, habrá descubierto que a los motivos físicos que acabamos de decir pronto se suman otras motivaciones tanto o más importantes. El caso es que cuando empezamos a correr, nuestro organismo entra en una suerte de círculo virtuoso que se retroalimenta y nos impulsa a seguir adelante. El efecto curioso es que si correr al principio cuesta, al cabo de poco tiempo genera adicción, y no puedes parar. La experiencia de ir avanzando cada día más en el control sobre el esfuerzo que realizamos es muy positiva. Y además cualesquiera que sean los motivos iniciales para empezar a correr, las endorfinas liberadas durante el esfuerzo nos impelen para que deseemos ir más lejos, más rápido. Nos sentimos bien y queremos correr más.

El entrenamiento del corredor de fondo integra todas las dimensiones del ser humano. Primero corremos para satisfacer el cuerpo, luego la mente, y es muy posible que también acabemos corriendo para enriquecer el espíritu: sentir que nuestros pies se despegan del suelo conforme avanzamos a paso ligero, disfrutar de la sensación de que nuestro organismo funciona cada vez mejor, liberarnos de las preocupaciones diarias y reencontrarnos con nosotros mismos mientras corremos…

Así que a la pregunta de por qué correr se le pueden dar muchas respuestas, que varían según la persona y su momento vital. Podemos correr para recuperar la figura, para divertirnos haciendo ejercicio con los amigos, para ponernos en forma, para superar cada día nuestros límites, como entrenamiento para otros deportes, para hacer un buen papel en una carrera de competición o por el mero placer de correr. Lo que sí es importante es que antes de empezar a correr cada uno de nosotros nos hayamos planteado la pregunta inicial de por qué, o para qué, corremos, pues correr requiere un entrenamiento, y sólo habiendo contestado esta pregunta, teniendo los objetivos claros, podremos ser coherentes con nuestros propios planes.

En las páginas que siguen ofrecemos un compendio de información útil tanto para quien quiera empezar a correr como para quien desee mejorar su tiempo en una maratón. La información referente al entrenamiento se ha organizado en cinco apartados: entrenamiento de resistencia aeróbica o sin deuda de oxígeno, entrenamiento mental para correr carreras de fondo, entrenamiento de fondo o resistencia con deuda de oxígeno, entrenamiento de fuerza y potencia y entrenamiento de velocidad, para los corredores experimentados que ya han superado alguna maratón y desean correr fijándose un objetivo de tiempo.

Deseamos que este libro pueda convertirse en la mejor ayuda a su entrenador personal, usted mismo, para alcanzar el principal motivo para empezar a correr: ser capaces de seguir haciéndolo hasta el final de nuestros días.

Parte I

Empezando a correr

CAPÍTULO 1

Conócete a ti mismo

Para alguien que desea empezar a correr, el famoso aforismo griego grabado en el frontispicio del templo de Apolo en Delfos no sólo hace alusión, que también, a la personalidad y carácter de quien se dispone a correr, sino a su cuerpo y sus condiciones físicas. Antes de dar el primer paso en esta disciplina es preciso tener muy claro cuál es nuestro estado de forma.

¿Estoy en forma?

Correr es una actividad física extraordinariamente saludable, como veremos en el apartado dedicado a los beneficios que reporta a nuestra salud, y que nos anima a superarnos cada día para mejorar. No obstante, no podemos olvidar que entre las distintas prácticas aeróbicas, correr se cuenta entre las de mayor «impacto», es decir, entre aquellas que más exigen a nuestro organismo.

Tanto para evitar sorpresas desagradables, por forzar su máquina más de lo debido, como para calibrar cuál debe ser el objetivo de su progresión en un plan de entrenamiento, y regular de manera razonable su esfuerzo durante el ejercicio, el principiante debe conocer cuál es su estado de forma en el momento de partida. Si empezamos a correr sin referencias acerca de cuál es nuestro punto de partida, difícilmente podremos establecer una meta realista para un periodo determinado, y lo mismo podemos aburrirnos empezando demasiado lentamente, como lesionarnos con sobreesfuerzos y situaciones de estrés.

La revisión médica

Por lo general, la mayoría de la gente puede empezar a correr sin la necesidad de realizar un examen médico previo. Por supuesto, el sentido común nos debe indicar lo contrario si nuestra edad o nuestros antecedentes de salud nos invitan a ser prudentes. Si existen «factores de riesgo», antes de anudarse las zapatillas e iniciar un programa para correr debe hacer una visita a su médico.

Será bueno acudir previamente al médico si se encuentra usted en alguna de las siguientes situaciones de riesgo:

» Si padece hipertensión o colesterol alto.
» Si padece o ha padecido alguna afección del sistema cardiovascular.
» Si siente dolor en el pecho cuando realiza una actividad física.
» Si pierde el equilibrio a causa de mareos o sufre desmayos.

El deportista habitual tiene recursos para comprobar su rendimiento en cada momento, cronómetro en mano o comparándose con otros atletas. El principiante carece de referencias, por lo que debe efectuar algún test previo de evaluación.

El impacto repetido al correr pone al descubierto los puntos débiles del esqueleto. Pero hasta la persona con los pies más «pesados» puede ser un buen corredor si adapta su entrenamiento guardando más tiempo de reposo que sus compañeros de «pies ligeros».

» Si padece problemas en los huesos o en las articulaciones.
» Si padece de obesidad o de sobrepeso considerable.
» Si fuma, consume alcohol o drogas o dietas altas en grasas malas.

En caso de que se halle usted entre estos grupos de riesgo, el médico dispone de varias pruebas para valorar su respuesta al ejercicio, y en especial para determinar su riesgo de cardiopatía. Entre estas pruebas está el examen de Proteína C reactiva (PCR) de alta sensibilidad; la prueba de esfuerzo, que monitoriza el corazón mientras se realiza una marcha intensa o carrera con dificultad creciente; el escáner cardíaco para visualizar calcificaciones y posible estrechamiento de las arterias; el examen de carótidas por ultrasonido, que ayuda a saber si existe riesgo de embolias; la prueba de contraste radioactivo, muy eficaz para localizar bloqueos específicos; o el índice tobillo-braquial, que también puede detectar acumulación de obstrucciones en las arterias del cuerpo.

Conviene decir, con todo, que será muy raro el caso en que la práctica del *running* sea descartada por razones médicas, pues incluso en los casos de riesgo recién citados, un entrenamiento bien regulado, que evite las situaciones de intensidad excesiva, puede convertirse en el mejor de los medicamentos. Lo más probable es que la adaptación a su situación especial acabe afectando tan sólo al ritmo y exigencia del entrenamiento o a los periodos de reposo, de modo que pueda usted ser capaz de llevar a cabo cualquier actividad siempre que comience poco a poco y vaya evolucionando con prudencia y gradualmente.

Si usted está o pudiera estar embarazada, hable con su médico antes de pasar a ser mucho más activa. Es poco probable que el embarazo desaconseje el ejercicio, pero es recomendable consultarlo con su ginecólogo, y existe incluso un aparato de exploración específico para estos casos.

Muchos pulsómetros modernos calculan el RCM de manera indirecta; sin embargo, podemos aproximarnos más a esos datos mediante la realización de diversos test que nos pueden dar más fiabilidad.

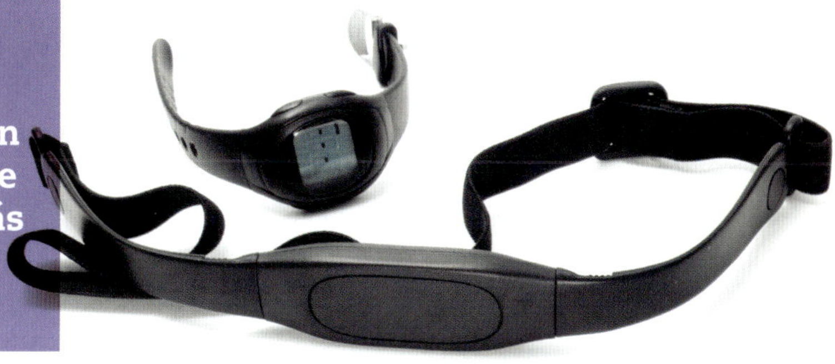

El control del ritmo cardíaco

Lo primero que debemos hacer es tener bien claro cuál es nuestro ritmo cardíaco en reposo (RCR). La frecuencia o ritmo cardíaco en reposo es el número de latidos por minuto (LPM) con los que su corazón bombea sangre a través de su organismo en estado de reposo. El control de esta variable es el principal recurso que tenemos para conocer nuestro estado de forma cardiovascular y la intensidad óptima del entrenamiento. En la mayoría de las personas esta variable oscila entre 60 y 80 latidos por minuto. El RCR cifra es menor en los deportistas y mayor en las personas con baja forma o mayor edad. Para obtener este dato tómese el pulso a primera hora de la mañana, antes de levantarse de la cama y tras haber descansado bien. Tome su pulso durante 10 segundos (en la muñeca o en el cuello, justo bajo la mandíbula) y multiplique la cifra por 6. Conforme empiece a ponerse en forma, lo normal es que su corazón se fortalezca y su RCR descienda. Pero tenga en cuenta que el RCR se suele estabilizar durante el primer año de entrenamiento y tiende a aumentar con la edad. Un RCR alto no tiene por qué preocuparle, pero si su RCR aumenta tras un tiempo de entreno, puede indicarle que la intensidad del entrenamiento está siendo excesiva.

El ritmo óptimo de entrenamiento

Para conocer cuál es su zona aeróbica de entrenamiento, es decir, los umbrales de exigencia en los que debe moverse al entrenar, usted debe conocer asimismo su ritmo cardíaco máximo (RCM), es decir, el límite de pulsaciones que puede alcanzar su corazón por minuto. Una manera fácil y aproximada de calcularlo es restándole su edad a 220 (por ejemplo, 180 sería el RCM para una persona de cuarenta años). También puede realizar la siguiente prueba: tras calentar durante veinte minutos, suba tres veces una cuesta larga y de pendiente pronunciada, con un ritmo creciente en las dos primeras, subiendo la tercera lo más rápido posible durante dos minutos e intentando alcanzar la máxima velocidad en los últimos 30 segundos. Si se toma el pulso justo al terminar este esfuerzo, obtendrá un dato muy cercano a su ritmo cardíaco máximo.

Conociendo este dato podrá determinar su zona de entrenamiento óptima, que se hallará entre el 60 y el 70 por ciento de su RCM. Moviéndose dentro de esta horquilla de intensidad moderada es cuando ejercita su sistema cardiovascular del modo más eficaz y seguro, pues supera el umbral aeróbico pero evita el sobreesfuerzo. A no ser que se prepare para competir, realizando carreras de más de 90 minutos o entrenamiento de intervalos intenso o en cuesta, no es preciso que supere el 70 por ciento de su RCM. Y este tipo de entrenamiento sólo debería iniciarlo tras un año de carreras a ritmo suave e, incluso entonces, nunca convendrá forzar el corazón más allá del 80 por ciento del RCM.

El índice de esfuerzo percibido

El índice o tasa de esfuerzo percibido es la forma más rápida e intuitiva de averigüar si estamos entrenado dentro de unos límites saludables. Se trata de una escala en la que nosotros mismos fijamos del uno al diez el nivel de esfuerzo. Su precisión es mayor de lo que puede parecer a simple vista. Funciona de la siguiente manera: del 1 al 5 son los ritmos cardíacos propios de situaciones en que no estemos haciendo ejercicio, por lo que podemos respirar, hablar o cantar

El llamado «ritmo de conversación» es uno de los test más fiables y fáciles de realizar: siempre debería poder mantener una conversación mientras realiza carreras de entrenamiento. Si no puede hablar, es que va demasiado rápido.

con facilidad, mientras que a partir del 8 se indican ritmos propios del ejercicio extremo: en el nivel 8 la conversación todavía es posible, en el 9 es ya muy difícil mantener una conversación y en el 10 resulta imposible. El objetivo es entrenar entre el 6 y el 7, es decir, entre un estado con una ligera pérdida del aliento, pero en que todavía resulta fácil hablar, y un estado en que respirar se vuelve más difícil, por lo que aunque podemos hablar preferimos no hacerlo. Estos límites se corresponden bastante bien con la zona aeróbica de entrenamiento: el nivel 6 en el que perdemos levemente el aliento sería el 60 por ciento de nuestro RCM, y el 7, en que la respiración se torna más difícil, representa aproximadamente el límite del 70 por ciento de nuestro RCM. Si puede hablar sin dificultad mientras corre, significa que su ritmo es demasiado lento, pero si no puede hablar, significa que debe reducir la marcha.

El test de Cooper

El corredor principiante tiene a su disposición decenas de test de autoevaluación para averigüar su estado de forma. Entre los más famosos está el de Kenneth Cooper, indeado por este médico norteamericano para evaluar la forma física de los marines en Vietnam. Consiste en correr durante 12 minutos por un trazado llano, tratando de cubrir la mayor distancia posible, pero dentro de los niveles 6 y 7 de esfuerzo. Al acabar la prueba, se calcula la distancia recorrida y se busca el valor correspondiente en la tabla que presentamos a continuación.

Nivel de forma física	Sexo	Edad (en años)			
		Hasta 30	De 30 a 39	De 40 a 49	Más de 50
Escaso	Hombres	Hasta 1610	Hasta 1530	Hasta 1370	Hasta 1200
	Mujeres	Hasta 1530	Hasta 1370	Hasta 1200	Hasta 1100
Suficiente	Hombres	1610-2000	1530-1840	1370-1670	1290-1590
	Mujeres	1530-1840	1370-1670	1200-1590	1100-1350
Discreto	Hombres	2010-2400	1850-2240	1690-2080	1610-2080
	Mujeres	1850-2160	1690-2000	1600-1840	1370-1670
Bueno	Hombres	2410-2800	2250-2640	2090-2480	2100-2400
	Mujeres	2170-2640	2010-2480	1850-2320	1690-2160
Excelente	Hombres	más de 2820	más de 2650	más de 2490	más de 2410
	Mujeres	más de 2650	más de 2490	más de 2330	más de 2170
		Distancia recorrida (en metros)			

CAPÍTULO 2

Postura, paso y zancada

¿Es preciso aprender a correr? La pregunta tiene sentido, porque correr es algo innato en el ser humano que hacemos desde niños con la mayor naturalidad. Y lo cierto es que la mayoría de nosotros corremos con un estilo que se encuentra muy cerca de nuestro nivel de mayor eficiencia, sin esforzarnos conscientemente en ello. Sin embargo, si nota usted al correr un exceso de fatiga, molestias o dolores, es posible que su forma de correr requiera de unos pocos ajustes mínimos.

Correr como niños

Correr es el ejercicio que más fácilmente se puede llegar a dominar. Sin embargo, tras años de sedentarismo, muchos adultos han olvidado cómo corrían cuando tenían siete u ocho años. Si éste es nuestro caso, lo primero que debemos hacer es reencontrarnos con nuestra manera instintiva de correr: después de miles de pasos, nuestro cerebro conoce de sobras cuál es el patrón de alineación de pies, piernas y cuerpo más eficaz para nuestras características físicas, por lo que el primer requisito será partir de ese estilo único que nos permite correr de manera relajada y fundamentalmente cómoda.

Una vez hallada esa manera natural de correr, que debe surgir de modo espontáneo, como el respirar, sin necesidad de pensar en ello, podremos comprobar si los resultados son óptimos o si un exceso de molestias nos está indicando que conviene introducir alguna corrección en nuestra manera de plantar el pie en el suelo, en nuestra zancada, nuestra postura o nuestra posición de brazos.

Fatiga, lesiones y derroche de energía

Los síntomas más evidentes de una manera deficiente de correr son las lesiones musculares frecuentes y una fatiga tan notable que precisa de mucho tiempo de recuperación, además de molestias en grupos musculares distintos de los implicados en la locomoción, y que no están diseñados para la carrera. Pero además del cansancio y del daño muscular, existe un tercer poblema asociado a una técnica de correr deficiente: la energía desperdiciada, que va acumulándose cada kilómetro de modo que al final de una carrera o entrenamiento largo puede equivaler a haber corrido una distancia mucho mayor que la recorrida en realidad. Así, por ejemplo, evitar correr con zancadas demasiado amplias, rebotando demasiado alto o levantando en exceso las piernas por detrás, nos ayudará tanto a demorar la fatiga como a evitar lesiones y optimizar el esfuerzo.

La clave para una carrera más rápida y eficiente es aumentar la cadencia de pies y piernas. Conforme el corredor se hace más rápido, su zancada o longitud del paso se acorta, mientras que aumenta la rotación.

Para el corredor de fondo, el plantado ideal del pie al aterrizar en el suelo debería ser tan ligero que apenas sintiese el impacto. Lo ideal es mantenerlos a ras de suelo: cuanto más «arrastre» los pies, menor será el esfuerzo requerido.

El plantado del pie

Si bien existen excelentes corredores que plantan el pie por la punta (quienes corren así se llaman «plantadores de dedos»), lo más habitual y eficiente, al menos para un corredor de fondo (en las carreras de velocidad, el aterrizaje se hace preferiblemente sobre la planta del pie), es plantar el pie sobre el talón, como hacen los «plantadores de talón». El plantado de pie afecta asimismo al tipo de calzado que deberemos utilizar, pues si somos plantadores de talón necesitaremos unas zapatillas con taloneras más reforzadas. Pero más imporante que la zona sobre la que plantamos el pie, que en definitiva forma parte de la biomecánica que tenemos de nacimiento y por lo tanto difícilmente modificable, es el hecho de que el plantado del pie en el suelo se realice de una manera suave, para minimizar al máximo el impacto que absorbe su cuerpo.

Correr arrastrando los pies

Lejos de ser un defecto, para un corredor de fondo correr arrastrando los pies es una técnica muy útil que le permite dosificar la energía y minimizar los efectos traumáticos de un impacto excesivo. La técnica de plantado del pie denominada «arrastre» consiste en correr con los pies muy poco separados del suelo. Para correr arrastrando hay que elevar el pie sólo lo imprescindible para no tropezar con las irregularidades del terreno, pero no más de unos 2,5 cm de altura. Un sólo centímetro de más en cada paso se dejará notar al final de una carrera larga. Combinado con el tendón de Aquiles, el tobillo actúa como un muelle e impulsa al cuerpo hacia delante en cada paso. Si permanece cercano al suelo, el esfuerzo requerido es menor. Cuanto más alto se eleve, más fuerte aterrizará, con el consiguiente mayor impacto en piernas y pies, que aumenta de manera significativa

La zancadas deben ser cortas y rasantes: elevar las rodillas al correr o estirar la pierna demasiado lejos en la zancada es una forma de correr ineficaz y poco natural, que tensiona los músculos y es causa de molestias, dolores y lesiones

las molestias, los dolores y las lesiones. Además, el esfuerzo extra invertido en elevar el cuerpo del suelo es como energía despilfarrada en el aire, y que echará de menos en recorridos largos.

EL RITMO AL CORRER: ZANCADA Y ROTACIÓN

Su ritmo al correr viene determinado por la interrelación de estos dos factores: la zancada y la rotación. La zancada es la longitud del paso, es decir, la distancia que recorremos a cada paso al correr, mientras que la rotación es el número de pasos que damos a lo largo de una cierta distancia. Que la zancada sea más corta o más larga es algo que está directamente vinculado a nuestra altura y constitución física; por ello, la regla de oro es, de nuevo, la naturalidad: corra con la zancada que sienta más cómoda y natural y lo más seguro es que lo hará de la forma más eficiente y correcta.

Los problemas más habituales con respecto a la zancada suelen tener su causa precisamente en una infracción a la citada regla: muchos corredores principiantes creen, equivocadamente, que deben ampliar su zancada y acaban dando unos pasos largos y antinaturales —las sobrezancada— que les ocasionan tensiones musculares y lesiones.

Si desea mejorar su ritmo, y tiene usted un cuerpo alto y delgado, sí puede tratar de incrementar la distancia recorrida alargando la longitud normal de su zancada, aunque sin estirar en exceso. Pero si no es usted especialmente alto, es mejor que se olvide de la zancada y se concentre en incrementar la rotación, reforzando su musculatura y su potencia. Una rotación más rápida le permitirá lograr su objetivo de ritmo con pies ligeros, es decir, corriendo relajado y evitando el plantado antinatural y pesado característico de la sobrezancada.

Las cuatro fases de la zancada

Es posible descomponer la zancada en cuatro fases bien diferenciadas: amortiguación, mantenimiento, impulsión y suspensión. En la primera fase, también llamada de aterrizaje, la amortiguación se efectúa con el talón, como hemos dicho. Para no retrasar el movimiento completo de la carrera hay que reducir el efecto de frenado y atacar el suelo con elasticidad. A tal fin, el pie que llega al suelo debe estar ligeramente doblado. La segunda fase es la de mantenimiento, también llamada de apoyo, y en ella el pie y la pierna reciben y sostienen todo el peso del cuerpo, que pasa a ponerse perpendicular al pie.

En la fase siguiente, de impulsión o despegue, se dobla la parte delantera del pie y se genere un nuevo impulso con toda ella, no sólo con los dedos. Los pies deben estar en paralelo y apuntar hacia delante en línea recta. Cuando cada pie toca el suelo, debe hacerlo directamente por debajo de la cadera. En la carrera de fondo este empuje es débil, en comparación con el que exige la carrera de velocidad. La rodilla no sube muy alto y se busca ante todo un ahorro de energía, con una zancada rasante y de amplitud relativamente limitada.

En la fase de suspensión, que distingue la carrera de la marcha, no existe contacto con el suelo, y es la fase aérea entre dos contactos con el suelo.

La postura de la cabeza a los pies

Para alcanzar una buen postura al correr la prueba del nueve es la relajación: si corremos relajados, como nos resulte más natural, tenemos muchas posibilidades de estar haciéndolo bien. No obstante, existen una serie de correcciones que podemos poner en práctica si advertimos que nuestro estilo es mejorable.

De la posición de las piernas y los pies ya hemos hablado en los apartados anteriores, toca ahora hablar del resto del cuerpo, empezando por la cabeza.

La cabeza debe estar recta y con la mirada al frente; cualquier inclinación de la cabeza hacia atrás o hacia delante arrastrará el resto del cuerpo en la misma dirección. Si nota que corre con el labio inferior suelto es buena señal: sabrá que no está apretando los dientes y que el resto del cuerpo también estará igualmente suelto y relajado.

El tronco debe permanecer en línea con la cabeza, firme y erguido, algo necesario para que la energía se conserve y se concentre en las piernas, donde la necesitamos. La correcta alineación del cuerpo es el requisito más importante de una buena postura. Cuando note que no está erguido, realice la siguiente práctica para «alinearse»: alce los brazos hacia el cielo, alargando su cuerpo, y luego bájelos manteniendo el resto del cuerpo en su posición. Los hombros han de estar hacia abajo, señal de relajación, y no hacia arriba, lo que indica que están tensos, y deberían estar rectos o ligeramente desplazados hacia adelante.

Una buena postura: la cabeza levantada, con los ojos mirando al frente; los hombros rectos, echados hacia atrás y abajo; el tronco erguido con los abdominales contraídos ejerciendo presión hacia la columna, y la pelvis en una posición neutral.

El ritmo y la postura de sus brazos le ayuda a propulsar su cuerpo hacia delante y a estabilizar su equilibrio. En este caso la única ley acerca de cuál vuelve a ser la naturalidad: permita que su cuerpo le diga cuál es la posición de brazos con la que corre más relajado en lugar de intentar controlar el movimiento mentalmente. Hay quienes balancean los brazos hacia delante y atrás como si se «bombeasen» a sí mismos, mientras que otros prefieren dejarlos bastante rectos, casi estáticos. Por lo general, conviene mantener los brazos doblados perpendicularmente a la altura del codo. Su balanceo debería ser con el menor movimiento lateral posible, hacia abajo y hacia arriba entre la cintura y la parte inferior de la caja torácica. Tenga también la precaución de dejar una separación de unos centímetros a cada lado para que no golpearse los riñones al moverlos. La cadencia de los brazos debería seguir el ritmo de su zancada.Normalmente debería correr con las manos a una altura situada entre la cintura y el tórax, subiendo los brazos cada vez más arriba y con más fuerza para ganar potencia cuando haga aceleraciones o suba cuestas.

Corra con el puño medio cerrado, pero sin apretar, y mantenga los pulgares sueltos y fuera del puño. En cuanto a las muñecas, no las lleve ni tan relajadas que estén flojas ni tampoco agarrotadas. Evite crispar los dedos al correr, pero las manos no tienen que quedar pendulantes

Las caderas han de estar algo inclinadas hacia delante y apuntando al suelo, lo mismo que los glúteos, para disipar la tensión y normalizar su respiración; y las rodillas ligeramente flexionadas para evitar que el impulso sea excesivamente vertical, y también para ayudar a amortiguar la toma de contacto.

Lo importante es no quedarse sin aliento. Para evitar el ahogo, altere el patrón respiratorio: espire con fuerza expeliendo el aire de golpe, respire con el estómago, elevando el diafragma, aumente la potencia abdominal mediante ejercicios.

LA RESPIRACIÓN

Es conveniente respirar con el abdomen, inspirando profundamente y empujando el aire hacia abajo con el diafragma, de modo que se expanda el estómago y no el pecho, pues con este movimiento nos aseguramos de que los pulmones se están llenando con cada inspiración. Pero con la respiración podemos decir lo mismo que con respecto a la postura, y acaso aun con mayor razón: la clave es la naturalidad y la relajación. Cuando respiramos de forma eficaz, no somos conscientes de la respiración. La clave es mantenerse relajado, pues cuando corremos tensos es muy probable que hiperventilemos, y correr siempre aeróbicamente, a nuestro ritmo de conversación.

Cuando empecemos a correr notaremos la respiración acelerada. No pasa nada, la respiración forzada y jadeante forma parte de la actividad y no hay que alarmarse. Basta con controlar las pulsaciones y no sobrepasar los límites que nos imponen la edad y la forma física. La mejora continua de este síntoma, conforme la respiración sea cada vez menos afanosa, será la mejor medida de nuestros progresos. Al correr puede respirar a través de la boca confortablemente y tratar de recoger todo el oxígeno posible.

Pero tampoco hay que preocuparse por cansar demasiado los pulmones con la intención de dar más oxígeno a los músculos y lograr así que el rendimiento sea mayor. En realidad esto no funciona así, porque la respiración es un acto involuntario y, como tal, está controlado directamente por el cerebro, que siempre sabe qué cantidad de oxígeno debe mandar en cada momento específico a los músculos. Es inútil hacer llegar más oxígeno a los músculos cuando estos últimos no son capaces de aprovecharlo y tienen que recurrir a los azúcares, con la consiguiente fatiga. Los pulmones han de trabajar a su ritmo y no se consume más oxígeno por el simple hecho de aumentar su aporte.

Errores más frecuentes al correr

Existen maneras de correr que a la larga pueden llegar a causar problemas articulares importantes, especialmente en columna vertebral, piernas y pies. Estos problemas afectan además a la optimización de nuestro movimiento, haciéndonos malgastar energía y perjudicando por lo tanto la obtención de los objetivos que nos hayamos propuesto.

Correr de puntillas

Correr de puntillas es ineficaz si nuestra intención es ir lejos... En efecto, la modalidad de carrera puede modificar la manera de apoyar el pie en el terreno. Mientras que los velocistas pueden apoyar sólo la puntera, para lograr un mayor impulso en cada zancada y reducir el rozamiento del terreno, los corredores de distancias más largas requieren plantar el pie con una mayor superficie de apoyo, para no forzar el tendón de Aquiles a una mayor tensión, distribuyendo mejor la carga para amortiguar los impactos del pie contra el suelo, que repercuten negativamente en el pie y en la rodilla. Además para correr de puntillas hay que obligarse a hacer un movimiento que no es natural. Corra suelto y con normalidad, apoyando en el suelo primero el talón suavemente y luego impulsando con la punta.

Correr con los pies abiertos

Al unir con una línea las huellas que nuestras zapatillas dejan en el suelo, deberíamos obtener una línea recta. Sin embargo, es muy común que lo que obtengamos sea una línea zigzagueante. Las puntas de los pies deben mirar siempre adelante, no hacia los lados. Al correr con las puntas de los pies orientadas hacia el exterior, las piernas quedan abiertas y se pierde eficacia. Este defecto bastante frecuente puede comprobarse observando el desgaste de las zapatillas en la parte externa del talón. Una manera de corregir esta posición consiste en correr pisando referencias rectilíneas –como la línea del arcén o cualquier otra marcada en el suelo– y procurando colocar los pies uno delante del otro sobre la misma línea.

Correr saltando

El impulso al correr debe ser hacia delante, y por lo tanto todo movimiento que desplace el cuerpo lateral o verticalmente es negativo. Sin embargo, un error común entre principiantes es realizar un impulso muy vertical, a veces incluso voluntariamente. Al dar estos pequeños saltos, además, incrementamos la fuerza del impacto que han de absorber nuestros pies. Si trazamos los movimientos de nuestra cabeza, el resultado debe ser una línea recta, no ondulada. Para corregir este defecto puede probar a correr con un peso en la cabeza, como una bolsita de arena: corra con las rodillas ligeramente flexionadas y sin elevar apenas la cadera, evitando que se caiga la bolsita.

Correr sentados

Las rodillas deben estar flexionadas, pero no en exceso. Si corremos con la cadera demasiado baja, la pierna no se extiende totalmente en la fase de impulso. Para corregir este defecto puede realizar ejercicios de potenciación de la musculatura extensora.

Correr encorvados

Correr con el tronco inclinado hacia delante dificulta la respiración. El tronco debe estar recto y erguido para permitir que los pulmones trabajen de forma correcta y al límite de sus posibilidades. La corrección de este defecto puede trabajarse esforzándose en correr «sacando pecho», como un soldado en posición de «firmes». Además, si dobla demasiado el tronco, parte de la energía que habría que emplear en impulsar el cuerpo se desperdicia en un movimiento rotatorio inútil. Es más, si inclina la zona superior del cuerpo, los brazos y los pies tenderán a prolongar el movimiento y cruzarán la línea media, aumentando las posibilidades de sufrir una lesión.

Correr con las rodillas elevadas

A no ser que esté trabajando la velocidad, las rodillas apenas deben levantarse. Correr con las rodillas altas es típico de velocistas, pero no de fondistas, que deben dosificar al máximo la energía. Para eliminar la sobrezancada, el pie debe tocar el suelo bajo la cadera y con la rodilla levemente flexionada.

Correr balanceando el tronco

Los impulsos laterales al correr, típicos al subir pendientes, son movimientos que no ayudan a mejorar el rendimiento. Las rodillas deben trabajar alineadas y la finalidad de todos los movimientos debe ser la propulsión hacia delante. El tronco debe mantenerse recto y erguido sin efectuar ningún movimiento lateral y los hombros no deben dar bandazos a derecha e izquierda. Y la cabeza debe permanecer quieta respecto al cuerpo.

Correr braceando

Los brazos también intervienen en el avance del cuerpo. El ángulo formado entre el brazo y el antebrazo debe ser de unos 90°: si es mayor causa más fatiga, y si es menor, limita la respiración. Mientras corre, los brazos se tienen que mover solamente hacia delante y hacia atrás, gracias a un movimiento del hombro elástico y suelto. Cuando la fatiga se impone, las manos tenderán a alzarse y los hombros a hundirse. Evítelo porque esto provoca a una tensión mayor en los músculos de la zona superior del cuerpo y malgasta energía. Los hombros y las manos han de estar relajados y sueltos.

CAPÍTULO 3

Salir a correr

Conocido nuestro estado de forma y los rudimentos de la técnica de correr, poca cosa más necesitamos para iniciar nuestro entrenamiento. En este capítulo vamos a revisar algunos aspectos que conviene tener en cuenta para salir a correr: escoger el tipo de superficie por donde correr, vestirnos y calzarnos adecuadamente, atender a una serie precauciones para nuestra seguridad y decidir si corremos solos o en compañía.

Superficies por donde correr

Correr es una actividad que puede realizarse en cualquier sitio: podemos correr por las aceras de nuestra ciudad o por senderos, campo a través o por la carretera, en el parque o por un circuito, sobre una cinta en el gimnasio o en casa. Ésta es una de las múltiples ventajas de este deporte. Sin embargo, no todas las superficies son igualmente recomendables ni afectan del mismo modo a nuestro rendimiento.

El diseño avanzado de las zapatillas deportivas actuales ofrece una gran protección contra los impactos del correr, y existen zapatillas para preparadas para casi todo tipo de suelo. A pesar de ello, el tipo de superficie por donde corremos sigue afectando de una manera muy notable al grado de esfuerzo que debemos realizar, así como a la tensión soportada en huesos, ligamentos, tendones y músculos. Algunas superficies son mejores que otras para correr. Para que correr le resulte una actividad placentera en todos los aspectos, elija bien la ruta teniendo en cuenta aspectos tan relevantes como la amortiguación que ofrece el terreno, así como su grado de pendiente y de irregularidad.

La amortiguación

Cada vez que el pie impacta contra el suelo, lo hace con una fuerza que multiplica hasta cuatro veces nuestro peso corporal. Por ello, si puede elegir por donde correr, tenga presente que las zancadas que dé sobre superficies blandas reducirán ese impacto sobre su sistema musculoesquelético.

La capacidad de amortiguar el traumatismo que produce el peso de nuestro cuerpo al entrar en contacto con el suelo, en la primera fase de la zancada, es la característica principal de una buena superficie para entrenar. Cuando el suelo cede bajo nuestros pies, se transfiere a la superficie parte del impacto que de otro modo sufrirían las rodillas, las caderas y la espalda.

La elasticidad, con todo, tiene sus límites: lo ideal es correr sobre superficies que absorban parte del impacto, como caminos de tierra, grava o césped, pero

Correr a menudo sobre duras superficies que no ceden a nuestros pies supone una tensión añadida. El impacto continuo sobre este tipo de suelo puede provocar lesiones y fatiga, y retrasar el tiempo de recuperación.

Correr por caminos de suelo irregular con charcos, barro y piedras es un duro ejercicio prepara la mente, los músculos y los pies para rodar con mayor ligereza sobre otras superficies menos difíciles.

sin que sean tan elásticas que nos hundamos demasiado, pues esto, además de dificultar la biomecánica del pie, nos ocasionaría un gasto energético extra.

Algunas superficies pueden castigar mucho nuestro cuerpo, pues en lugar de absorber el impacto del pie sobre el suelo, hacen que la energía de ese choque rebote en nosotros y ascienda por la pierna. Es lo que ocurre, por ejemplo, cuando corremos sobre pistas duras como el cemento.

Atención a la irregularidad del terreno

Junto a la capacidad de absorción del impacto, el grado de irregularidad de la superficie es el segundo factor que hemos de tener en cuenta. La mejor superficie para correr no debe tener obstáculos visibles que dificulten el ritmo o invisibles que puedan convertirse en una trampa. Una superficie puede ser suave para correr, como la hierba, y sin embargo no ser buena por su irregularidad, en el caso de que oculte hoyos o tocones de árbol que puedan hacernos tropezar. Las superficies irregulares deben ser especialmente evitadas si tenemos los tobillos débiles o problemas de pies, pues los agujeros, baches o grietas que podamos encontrar propician los esguinces y las dislocaciones de tobillo.

También es pertinente atender a la inclinación del terreno sin estamos planificando una ruta. A no ser que deseemos realizar entrenamiento en cuesta, escogeremos de manera prioritaria pistas llanas, para poder mantener el ritmo.

En la variedad está el gusto

La repetición de un trayecto puede ayudarle a relajarse, por disociación, liberando su mente de la necesidad de estar atento. Pero para minimizar el riesgo de lesiones, es muy recomendable que varíe de rutas y superficies. Recorrer todo el tiempo la misma ruta sobre la misma superficie puede pasar factura en forma de lesiones. Sus piernas contactarán con el suelo de la misma forma y hará que algunas zonas de su cuerpo sean más vulnerables, castigando siempre los mismos huesos, músculos y cartílagos. Para evitarlo, puede introducir pequeñas variantes en su ruta. Estos cambios no tienen por qué ser extremos: puede, por ejemplo, realizarla

Correr sobre cinta

Correr sobre un tapiz rodante no satisface el placer de correr, pero resulta muy útil para mantener el compromiso de entrenamiento que nos hayamos fijado si disponemos de poco tiempo, tenemos responsabilidsdes familiares o cuando algún impedimento, climático o de otro tipo, nos impida salir a hacer la ruta al aire libre. Para entrenar las sesiones cortas son tan útiles como las calles. Cuando realice su entrenamiento en cinta no olvide que estas máquinas suelen indicar que ha ido un 10 por ciento más lejos o más rápido de lo que ha ido en realidad, así que para asegurarse de que ha cubierto la distancia suficiente, puede añadir ese porcentaje a la distancia asignada. La cinta está diseñada para correr, de modo que absorbe más el impacto que la mayoría de las superficies, y como se mueve al tiempo que usted, es relativamente más suave para su cuerpo que correr sobre una carretera. Por cierto, antes de subirse a la cinta, asegúrese siempre de que está apagada y parada.

en sentido contrario, o si normalmente corre por un sendero de tierra en el parque, puede pasar a hacer parte del recorrido sobre la hierba que crece al lado, rompiendo así los patrones de tensión habituales.

Pero lo ideal es tener varias rutas con distintos niveles de dificultad e irlas alternándolas. De hecho cuantas más, mejor: disponer de tres recorridos en entornos diferentes y con una dificultad distinta será más beneficioso para su organismo que disponer sólo de dos. Con un repertorio de rutas, no sólo trabajará los distintos músculos de diferentes maneras, sino que su entrenamiento será más estimulante y divertido.

Pistas para escoger

En realidad no existe la superficie ideal, pues la elección de una superficie dependerá en última instancia de la finalidad del entrenamiento.

Para el entrenamiento de las carreras largas, por ejemplo, los grandes paisajes son los mejores, con algo de pavimento y de superficie más blanda, mientras que para el entrenamiento de velocidad lo recomendable es la pista de atletismo, por su amortiguación y llaneza. La pista de atletismo está diseñada para absorber el impacto y favorece el impulso de la zancada, pero entrenar carreras de fondo en ellas es condenarse a morir de aburrimiento. Los ejercicios en carrera los podemos realizar sobre cualquier zona segura con superficie firme.

La hierba tiene una elasticidad excelente y puede ser una superficie ideal para correr, porque es blanda y no somete el cuerpo a tensiones, pero suele ser bastante irregular, a no ser que se trate del césped homogéneo, llano y bien cuidado de un campo de golf. Los caminos de tierra suelen ser la mejor elección, en especial si son senderos de parque bien cuidados, con tierra o piedras incrustadas en la tierra, porque además de suficientemente elásticos, no son tan irregulares como los caminos de campo través, con rocas y raíces de árboles que sobresalen. Correr sobre una arena llana y firme es una opción recomendable como parte de una ruta si vivimos junto al mar, pero por supuesto hay que evitar la arena blanda, en la que nos hundamos, o la no homogénea, que puede ocasionarnos lesiones en los músculos de la pantorrilla.

Las superficies duras no son todas iguales. El hormigón, por ejemplo, es veneno para las piernas porque apenas absorbe nada del impacto, así que debería evitarlo siempre que fuese posible. El asfalto es algo más absorbente que el hormigón, especialmente durante los meses estivales, y por ello preferible. Las carreteras de asfalto con poca circulación tienen algo de elasticidad y son adecuadas para simular las situaciones de carrera. Si corre por carreteras, recuerde que siempre debe correr mirando de frente al tráfico.

Equipados de la cabeza a los pies

Una de las grandes ventajas de correr, especialmente apreciada en tiempos de crisis, es que este deporte requiere muy poco para practicarlo. Para correr no hay que adquirir un equipo costoso, alquilar una cancha o comprar billetes de telesilla, basta con vestir ropa cómoda y ligera, calzarse unas zapatillas deportivas y abrir la puerta de casa. No obstante, unos consejos le permitirán disfrutar mejor de este deporte.

Existen unas claves para equiparse correctamente para la práctica del running. Estas claves son pocas y sencillas, pero muy importantes para desarrollar bien esta afición y poder disfrutar completamente de ella. Un buen equipo para correr consta de una vestimenta cómoda, ligera, transpirable y adaptada al clima, un calzado cómodo y resistente, y unos complementos que pueden ayudarnos a seguir nuestro entrenamiento y calcular nuestro estado de forma con precisión.

La comodidad

Las prendas de vestir para la marcha deben ser ligeras, elásticas y holgadas. Por encima de cualquier otra consideración, la ropa debe ser ligera, cómoda y amplia, de modo que no estorbe ningún movimiento. A lo largo de una larga carrera, y en sobre todo en eventos como las maratones, la menor incomodidad puede llegar a ser insoportable, como una gota malaya. Por ejemplo, para facilitar los movimientos, los pantalones cortos tendrán los laterales abiertos, y para evitar las rozaduras, existen calcetines que disponen de dos capas de tejido que rozan entre ellas y no con su pie, con lo que se evitan las ampollas. Vigile hasta el extremo costuras, etiquetas o cualquier otro elemento que pueda causar fricción, y para evitar roces protéjase la piel con un poco de vaselina. Aplíquese también vaselina entre los dedos de los pies y así conseguirá evitar las molestas ampollas.

Si es mujer deberá adquirir un sujetador deportivo, pues la actividad física hace que los senos brinquen. El pecho está soportado por una frágil estructura de piel y ligamentos que puede ceder con los saltos de modo que los senos pierdan firmeza. Estos sujetadores están diseñados para minimizar los botes y aportan un mayor sostén y comodidad que un sujetador normal.

Las tiendas ofrecen un montón de ropa llamativa. En realidad, la mayoría de los días con un par de pantalones cortos viejos y una camiseta será suficiente para salir a correr, y no es necesario que tenga los últimos modelos de ropa deportiva para correr. Sin embargo, el hecho de sentirnos estupendamente bien vestidos sí puede actuar como un poderoso placebo y ayudarnos a triunfar o motivarnos a salir a la calle en los días en los días de mal tiempo.

Prendas transpirables

La sudoración que generamos al correr puede llegar a ser muy molesta y pesada, además de enfriarnos en exceso. Al correr perdemos gran cantidad de líquido corporal mediante el sudor. Si corre con una camiseta de algodón empapada en sudor y adherida al cuerpo descubrirá que la sensación es tan desagradable como parece. Escoja siempre un material que tenga la propiedad de apartar la humedad de su cuerpo, como la mezcla de poliéster y algodón o una tela de nailon y lycra de alta calidad, que no nos obligan a llevar a cuestas la pesada y molesta carga de nuestro propio sudor. Por suerte hoy existen tejidos de alta tecnología resistentes al viento, livianos y duraderos que son impermeables al mismo tiempo que transpirables, es decir, dejan que la humedad se evacué del cuerpo en forma de vapor de agua, pero no permiten que entre agua del exterior. Estos tejidos permiten que la humedad de la superficie de la piel atraviese un material que se mantendrá seco, acumulándose en la parte externa del tejido, desde donde se podrá evaporar. La capacidad del tejido para que acabemos no

Los sujetadores deportivos actuales están bien diseñados y sirven incluso como prenda exterior, lo que los convierte en una buena opción en tiempo caluroso. Elija una talla ceñida para reducir y controlar mejor el movimiento.

empapándonos con la lluvia externa o el sudor interno es una cuestión de grado. Existen prendas de muchos precios, y en cuanto a calidad podrá obtener aquello que esté dispuesto a pagar. Si tiene tendencia a acalorarse, tenga presente que algunos tejidos transpirables abrigan en exceso. Hay que descartar correr con impermeables no transpirables, que nos protegen de la lluvia mientras hacen que nos empapemos con nuestro propio sudor que, al enfriarse, se convierte en una capa de líquido helado.

Vestirse por capas

El secreto para acertar con la ropa es vestirse por capas. Vestirse por capas con tejidos que permitan que la humedad pase a través y se alejen del cuerpo, hará que se mantenga abrigado y seco, aun cuando el tiempo sea desfavorable. Por supuesto, si tiene la suerte de disfrutar de un día cálido o incluso moderado bastará con una sola. Su cuerpo ganará temperatura al correr y cualquier prenda que se coloque sobre la camiseta resultará sofocante cuando se acalore con el ejercicio. Pero por lo general cubrirse con varias prendas le permitirá hacer ajustes para acomodarse a las cambiantes condiciones climáticas.

Experimente hasta dar con la combinación ideal para las variaciones de clima de su entorno. Ajuste la cantidad de ropa al escenario más frío de los posibles el día del entrenamiento y no se preocupe por si lleva demasiada ropa. Es mejor equivocarse poniéndose ropa de más que de menos, ya que siempre podrá quitarse alguna prenda o anudarse la chaqueta alrededor de la cintura si así lo necesita. Recuerde que en los últimos kilómetros de una carrera larga la sensación de frío se intensifica, y además siempre puede girarse un viento repentino, que hace descender bruscamente la sensación térmica. La capa base o interna debería ser una camiseta de manga larga de un tejido que elimine la humedad del cuerpo y lo mantenga seco, como la lycra. Como segunda capa, que cumple la

> **Hay tres claves para un buen calzado para correr: que se ajuste a sus pies, la absorción de los impactos y la estabilidad. El primero no depende de la calidad del calzado, sino de sus pies. Las zapatillas no se pueden domar.**

función de aislante, puede servir una sudadera de algodón. La tercera capa será una prenda que proteja del viento y mantenga el calor, como los cortavientos de nailon o una chaqueta de tejido de alta tecnología. Si la capa externa no es de tejido transpirable, el sudor que se queda pegado a la piel podría quedarse ahí y provocar un efecto de enfriamiento. Si sucede esto, y el tiempo es frío y ventoso, podría llegar a sufrir una hipotermia. Si el tiempo se anuncia ventoso, comience a correr con el viento de cara, ya que la ropa está seca y está menos expuesta al peligro de enfriamiento. Tenga en cuenta que, por muy transpirable que sea el tejido, si el ejercicio le hace sudar en cantidad suficiente, su capacidad para disipar la humedad quedará restringida. En cuanto a la parte inferior del cuerpo, sí el tiempo es muy frío además de los soportes, debería llevar unas mallas con estribo encima de los pantalones cortos.

Las zapatillas del corredor

La zapatilla es el protagonista absoluto en el equipo de un corredor. Su importancia es enorme porque afecta a la biomecánica del cuerpo, de tal modo que podría considerarse como un órgano más de nuestro aparato locomotor: el que pone en contacto el pie y el suelo. En este «órgano artificial» que protege nuestro pie podemos distinguir básicamente cuatro partes:

1. **La zona superior**, que tradicionalmente era de cuero y en la actualidad está fabricada por lo general con materiales sintéticos más ligeros, lavables y transpirables, para reducir el calor que se acumula en el pie al correr. Las zapatillas de cuero no ofrecen una buena ventilación. En esta zona está la lengüeta, que debe ser acolchada para acomodar la parte superior del pie contra la presión de los cordones. Igualmente acolchado ha de ser el refuerzo de la parte posterior, cuya función es evitar la fricción e irritación del tendón de Aquiles.

¿Zapatillas nuevas? Nunca estrene unas zapatillas el día de la competición, pues con toda probabilidad le provocarán ampollas y rozaduras. Úselas antes durante una semana, como mínimo, para adaptarlas perfectamente al pie.

2. **La suela de la zapatilla** es la capa entra en contacto directo con el suelo que está pegada a la parte inferior de la entresuela. Su misión es resistir el uso y el desgaste. Proporciona tracción al correr y colabora en la importante tarea de amortiguar el impacto de la carrera, absorbiendo el primer choque contra el suelo. La suela suele estar hecha de goma de caucho inflada, goma de carbón endurecido o de una combinación de ambas. El caucho inflado es la suela más ligera pero no es tan resistente como el carbón. La propulsión que ejercen ambos materiales es muy similar.
3. **El contrafuerte del talón** es la parte rígida de la zapatilla que rodea el talón. El material con el que está fabricado tiene que ser a la vez rígido y duradero para soportar y estabilizar el talón. Al observar una zapatilla antigua suele ser bien visible el desgaste y rotura de la parte interior del contrafuerte. Con el tiempo pierde rigidez, por eso se usan contrafuertes rígidos en esta zona. En esta zona suele haber una pequeña alza o talonera que eleva la parte del talón de la zapatilla con respecto a la parte del antepié. Con ello se mejora la habilidad de la zapatilla de absorber el impacto cuando el talón contacta con el suelo y se reduce la tensión en el tendón de Aquiles. En las zapatillas de competición ligeras esta talonera es más pequeña, por lo que su capacidad de amortiguación es más reducida.
4. **La entresuela o mediasuela** se halla entre la suela y la zona superior. Ésta es la parte más importante de la zapatilla, pues en ella reside la mayor o menor capacidad de amortiguación de la zapatilla, así como la capacidad de controlar, y en su caso corregir, los movimientos anormales o excesivos del pie. Los primeros materiales que se usaron para la entresuela de las zapatillas deportivas fueron etilvinilacetato, más conocido como goma EVA, y poliuretano (PU). La goma EVA es una espuma ligera que tiene una excelente capacidad de amortiguación. Su principal problema es que se desgasta y rompe muy pronto. Una solución es usar EVA moldeado con compresión, que la endurece y alarga su vida. Más duradero es el poliuretano, pero por ello pierde parte de su función como amortiguador. Hoy la mayoría de las entresuelas están hechas con gel, foam u otros materiales específicos según la marca comercial. Este tipo de amortiguación hace que la entresuela dure más tiempo, a la vez que añade estabilidad y absorción del impacto a la zapatilla. En esta zona es donde se concretan las mayores diferencias de calidad entre zapatillas.

Las zapatillas nos proporcionan estabilidad y amortiguación. Lo malo es que a cierto nivel estas dos propiedades pueden llegar a ser contradictorias: al valorar la capacidad de amortiguación de una zapatilla hay que tener en cuenta que la absorción del impacto está relacionada con el grado de compresión o deformación que se puede conseguir en la entresuela de la zapatilla. Cuanto más se

Otros complementos para correr

Pulsímetro. El pulsímetro o monitor de ritmo cardiaco es un aparato que mide su ritmo cardíaco exacto. No es imprescindible al empezar a correr, pero sí a partir del momento en que se empieza a entrenar con método. Antes de utilizarlo deberá conocer sus ritmos cardiacos en reposo (RCR) y máximo (RCM) y los intervalos óptimos para el entrenamiento. Tienen dos componentes: el monitor, que se abrochará alrededor del tórax y que cuenta sus LPM, y la pantalla, que parece un reloj un reloj digital y le ofrece las lecturas realizadas por el monitor. Tomarse el pulso con un reloj digital puede ser igual de efectivo, pero le llevará más tiempo y será un poco menos preciso que un monitor de ritmo cardíaco.

Podómetro. El podómetro es un pequeño aparato que se abrocha a la cintura para calcular la distancia de su carrera basándose en la amplitud de su zancada. También se puede programar para estimar su velocidad, tiempo y calorías quemadas. Algunos podómetros disponen de una alarma personal, lo que puede suponer una útil medida de seguridad. No son caros y se pueden encontrar en las tiendas de deportes. No obstante, un podómetro no suele ser tan preciso como un GPS para medir la distancia cubierta, y no mide realmente su nivel de esfuerzo como sí hace un monitor de ritmo cardíaco.

Cronómetro. El cronómetro es útil para tomar referencias en diferentes distancias, para, de esta manera, poder percibir y valorar las mejoras. Basta con que indique el tiempo de cada carrera y las secciones de una carrera, es decir, divisiones por kilómetro. Los digitales son los mejores, pues las indicaciones del segundero tienden a ser imprecisas cuando uno va dando saltos. Compruebe que los botones se pueden manejar con facilidad y que puede ver los números mientras está corriendo. Algunos pueden facilitar los intervalos con pitidos entre cada segmento de carrera y otra vez después del segmento de caminar.

Global de Posicionamiento. El GPS o puede ser una forma ideal de monitorizar su entrenamiento si se entrena en el campo o en las afueras de las ciudades. Utiliza tecnología de satélite para determinar su posición y mide la distancia, altitud, velocidad media y duración de su carrera. Debe ser resistente al agua y no pesar demasiado, y tenga presente que se trata de un aparato que funciona con pilas, así que, cuando las inserte, pesará algo más.

ChampionChip. Es un pequeño aparato de plástico que utiliza una tecnología especial y códigos de barras para proporcionarle con exactitud el tiempo neto y los tiempos parciales que realice durante una carrera. Este chip se enrosca en los cordones de su calzado y al pasar por encima de unas esterillas sensoras colocadas a lo largo del recorrido, va registrando sus tiempos. La mayoría de los corredores alquilan sus chips a los organizadores de la carrera, ya que sólo se pueden usar en las carreras en las que se usen las esterillas sensoras especiales.

Reproductor de música. Hoy compite con las zapatillas para ser la parte del equipo más importante… En efecto, puede aprovechar el entrenamiento para escuchar música, pero no olvide que en

pueda comprimir, mayor movimiento e inestabilidad tendrá la zapatilla; y cuanto menos se pueda comprimir, mejor será su estabilidad y control del movimiento.

Así pues, una optimización de la función de la zapatilla como instrumento de control de la pisada irá siempre a costa de una disminución de la absorción del impacto. En este sentido las zapatillas profesionales son más duras y tienen menos amortiguación, por lo que no suelen ser recomendables para los entrenamientos de fondo, en los que siempre ha de primar la absorción del impacto. Además, las zapatillas deben tener un peso medio: las excesivamente ligeras son adecuadas sólo para corredores experimentados y de poco peso.

Trucos para comprar las zapatillas

El calzado es la principal inversión para correr. Para realizar esta compra es recomendable que escoja una tienda que esté especializada en zapatillas deportivas

esos casos disminuye su capacidad de atención, y por lo tanto su seguridad.
Chaleco reflectante. Cuando se corre en la oscuridad, como sucede a menudo en invierno, hay que procurar ser lo más visible posible a ojos de los automovilistas. Estos chalecos brillan al ser enfocados por las luces de los coches. Existen brazaletes también reflectantes o con luces rojas. Puede también escoger un atuendo visible, de color claro o incluso fosforescente.
Gorra con visera. Si va a correr bajo el sol, una gorra con visera puede hacer la misma función que las gafas de sol. Busque un gorro de algodón ligero que cubra la cabeza y permita que salga el calor. Compruebe que la visera no ejerce presión en la cabeza, pues en tal caso podría resultar muy incómoda en una carrera larga.
Los **guantes** son una prenda fundamental que debería llevar todos los días que vaya a correr y haga frío, incluso en los días en los que no parece que la temperatura vaya a ser muy baja, porque siempre existe el riesgo de que se levante viento, y las extremidades son las más expuestas a la congelación.
Gorra de invierno. El gorro de lana ocupa un lugar importante en el atuendo de invierno. Perdemos buena parte de nuestro calor corporal por la cabeza y cubrirla es esencial para retener el calor corporal y mantenernos calientes. Piense en la siguiente imagen para convencerse: imagine que su cuerpo es como una tetera y que el calor que está generando en su interior se escapa por la parte de arriba, a no ser que coloque una tapa encima. El gorro es esa tapa vital. En días de mucho frío puede ser necesario llevar pasamontañas o cubrirse las orejas.
Braga de cuello. Un cuello alto le ayudará a proteger la garganta, una zona muy delicada y especialmente sensible al frío, por donde se pierde gran parte del calor corporal. En días de mucho frío abríguese con un sobrecuello o braga, que puede llevar alrededor del cuello y subirla hasta la barbilla.
Gafas. No son un adorno: protegen los ojos no sólo del sol, sino también del aire. Si tiene los ojos sensibles, son imprescindibles. Hay muchas gafas de sol especiales para corredores. Son ligeras, cerradas y debe ajustarse perfectamente a la cabeza sin causarle molestias.
Crema solar. Póngase crema solar para evitar la deshidratación y el cáncer de piel. Debería aplicársela antes de cualquier carrera que dure más de media hora un día soleado. Procure que no sea un producto pegajoso y proteja las principales zonas donde le da el sol: los hombros, la espalda, las orejas, la parte posterior del cuello y los brazos. Pero no se exceda con el protector solar porque puede interferir con la transpiración.
Gel calentador. Cuando hace frío resulta muy agradable completar el precalentamiento aplicándose con un masaje un gel de preparación muscular con efecto calentador.
Muñequeras de corredor. Son unas muñequeras que se colocan una en cada brazo después de introducirlas en un líquido especial y que mantienen fresco durante horas, minimizan la fatiga y mejoran la concentración.
Bolsa. Lleve una bolsa donde quepa lo imprescindible para correr, teniendo en cuenta que cuando se corre hay que tener la máxima libertad de movimientos y conviene llevar el menor peso posible. Plantéese, por ejemplo, si el móvil es realmente imprescindible, y lleve estrictamente las llaves necesarias y sin llavero. Existen unas bolsas pequeñas y ajustadas que causan mínimas molestias y se sujetan con velcro a la muñeca o incluso en el empeine.

con vendedores preparados. Si tiene algún problema biomecánico o lesiones recurrentes, el médico o podólogo le aconsejará la zapatilla que necesita.

» Una zapatilla no será mejor para usted por su diseño, su marca o su elevado precio, sino porque sea la más cómoda.
» Para probar las zapatillas no se limite a ponerse en pie. Camine por la tienda unos minutos. Si fuera posible, lo ideal es hacerlo sobre un tapiz rodante.
» La zapatilla debe ser cómoda desde el primer día: no le conceda un periodo de adaptación.
» Pruébese las zapatillas de los dos pies, pues es posible que ni sus pies sean del mismo tamaño ni las zapatillas sean exactamente simétricas.
» Pruébese las zapatillas con los calcetines y plantillas con las que vas a usar las zapatillas de forma habitual.

Con el frío intenso nuestros músculos están ateridos y son menos elásticos, lo que hace recomendable añadir una sesión de precalentamiento. Camine unos 5 minutos a ritmo vivo antes de empezar los 10 minutos de trote de calentamiento.

- Tómese el tiempo necesario para probar varios modelos y tallas, sin apresurarse en la compra: la elección de la zapatilla es lo más importante del equipo, y hay que tener elementos de juicio suficientes.
- La zona de la lazada y de la lengueta tiene que ser acolchadas. Esto es especialmente importante si sus pies tienen prominencias óseas en el dorso.
- Al probar las zapatillas asegúrese de que la suela es bien flexible en las zonas donde debe serlo, que es en la de los dedos, y no donde debe de mantenerse lo más rígida posible, que es en mitad de la zapatilla.
- Las zapatillas deben tener plantillas internas fácilmente reemplazables, para que puedan ser modificadas o cambiadas das por unas plantillas especiales terapéuticas.
- Los dedos deben poder moverse dentro de la parte anterior de la zapatilla. Compre una talla holgada: entre su dedo más largo y la zapatilla debe haber un espacio libre de aproximadamente 1 cm cuando está de pie.
- La parte media de la zapatilla debe sujetar el pie de modo que no permita que se desplace hacia delante golpeando los dedos con la zapatilla. Si al atar la zapatilla presiona demasiado, comience la lazada en el siguiente ojal.
- La parte posterior de la zapatilla debe de ajustarse en el talón de modo que no permita levantar el pie sobre el talón, pero evitando que se produzcan rozaduras.
- Los pies tienen a hincharse después de un entrenamiento largo, por ello es recomendable que se pruebe las zapatillas por la tarde o después de haber entrenado, ya que en ese momento sus pies son un poco más grandes.
- Coloque las zapatillas sobre una superficie lisa y mírelas por detrás para comprobar que la mitad del talón está perpendicular al suelo. Si esto no ocurre, la calidad de la zapatilla no es óptima.

Los rodajes en grupo permiten acumular kilómetros sin darnos cuenta, puesto que podemos recorrerlos charlando y respentando el ritmo medio de conversación. También puede servirnos para entrenar la velocidad en el tramo final...

Compañeros para correr

Mucha gente siente que correr es un deporte de meditación, ya que le permite disponer de un tiempo propio para perderse en sus pensamientos. Correr es algo que puede hacer con amigos o solo. No necesita de otras personas como sucede con cualquier otro deporte de equipo o de pareja. Si se decide a correr por su cuenta, correr puede proporcionarle algo difícil de encontrar en su vida: tiempo para alejarse de todo y estar a solas con sus pensamientos. Si desea correr y meditar, si tiene usted una profesión muy absorbente o una familia en aumento, correr puede proporcionarle estar solo algún tiempo.

Igualmente, correr puede ayudarle a hacer nuevas amistades, y si decide unirse a un grupo de corredores es probable que trabe amistad con gente a la que nunca habría conocido en otras circunstancias porque sus ocupaciones e intereses en la vida son completamente distintos de los suyos. En este deporte no existe ninguna relación entre el nivel socioeconómico o cultural de alguien y su forma de vestir para correr. Algunos buenos lugares en los que empezar a mirar son las tiendas especializadas para corredores, los gimnasios y clubes de salud o los centros sociales.

Entrenar en grupo puede ser beneficioso en muchos aspectos. En el nivel más básico, un grupo o compañero proporciona apoyo moral y psicológico; además, pertenecer a un equipo le motivará a ir, para no dejar a sus compañeros colgados. Si corre con un compañero, podrán apoyarse y animarse entre sí cuando tengan un mal día. En el caso de las mujeres, correr en grupo aporta la ventaja añadida de la seguridad que proporciona. Por añadidura, correr con compañía nos ayuda a mantener el ritmo: hablar mientras se corre hace que el grupo avance al ritmo de conversación, y el ritmo de conversación es precisamente la velocidad óptima para el acondicionamiento cardiovascular.

La experiencia de correr con tu perro será mucho más positiva si tu amigo no se te escapa a cada momento para olfatear algo intrigante o perseguir algún animalillo. Antes de prescindir de la correa tu perro debe de estar acostumbrado a correr sin ella.

A la hora de escoger un compañero de ejercicios lo importante es que sea paciente y tenga una capacidad para correr similar o superior a la suya. Un compañero de carreras debe comprender que mejorar lleva tiempo y que los entrenamientos tienen sus altibajos, tanto físicos como mentales. También conviene que tenga una capacidad igual o ligeramente superior a la suya. Correr con alguien con una capacidad prácticamente igual le ayudará tanto a nivel físico como emocional. En los días de entrenamiento largo o en los fáciles conviene ir con alguien de capacidad semejante. O alguien más rápido a quien no le importe bajar el ritmo por usted. En los días de velocidad sí ayuda ir con alguien más rápido, siempre que corra al ritmo correcto para usted.

Pero sobre todo, siéntase con la total libertad de detenerse o retirarse cuando esté cansado. Todos somos distintos, así que al correr en grupo, deberían correr circuitos y no tanto rutas circulares o rutas que vayan de un punto A a un punto B. Como la velocidad no es un factor importante, los grupos suelen marcarse como objetivo correr una serie de vueltas, de modo que la gente pueda detenerse cuando haya alcanzado su límite personal. Gracias a ello, aunque corra con otros, podrá correr a su propio nivel. Bastará con detenerse cuando haya tenido bastante mientras su compañero o su grupo continúa.

Correr con perro

Correr acompañado de su fiel amigo puede resultar muy divertido y gratificante. Esta actividad no perjudica al perro, todo lo contrario, ni hay que preocuparse porque el animal pueda cansarse, ya que su velocidad es muy superior a la del hombre. Lo que para nosotros representa ir a buen paso equivale a un trote tranquilo para el perro, siempre que no sea un animal muy pequeño. Cualquier perro de raza median podrá correr con usted sin problemas.

Cuando se sale a correr con el perro es importante que el animal sepa ir al lado sin distraerse. La correa con petral es un instrumento fundamental. El collar, aunque se deje flojo, dificulta la respiración del animal y limita su rendimiento. En general, es difícil encontrar a un perro, sea de la raza que sea, por muy perezoso que parezca, que se niegue a seguir a su dueño. Es conveniente saber que los cachorros pueden empezar a correr a partir de los 4 meses, aunque sólo como juego; los recorridos largos pueden empezar entre los 8 meses y el año de edad, según la raza. Pero si se desea correr acompañado por el perro, lo más importante no es la raza, sino la relación que se logra establecer con el animal.

No conviene obligar al perro a correr: si no está acostumbrado a correr, él también necesita entrenarse. Además no olvide que es un animal y que, por lo tanto, no valora las distancias ni tiene en cuenta los programas. No pretenda que su perro le siga como una sombra ni se ponga nervioso si el animal se entretiene

Correr por zonas urbanas nos permite hacer un entrenamiento de intervalos específico: subir cuestas, escaleras, ir esquivando obstáculos urbanos, parar, arrancar y acelerar.

en algún momento. En el fondo, lo divertido es el hecho de correr juntos, sin que importe la dirección o el ritmo. De todos modos, si se le educa correctamente, el perro aprende a seguir al hombre en todo tipo de entrenamientos sin hacerle tropezar, e incluso tirando en los momentos más duros. Recuerde que el perro no suda y tiene poca reserva hídrica. Por lo tanto, es importante que en el itinerario haya fuentes en donde el animal pueda beber. El bozal es totalmente desaconsejable, porque no permite respirar, así como también las correas demasiado cortas, que no dejan que el hombre mueva correctamente los brazos. En el campo es preferible no utilizar la correa.

Consejos para correr seguros

Correr por las calles puede hacerle vulnerable, sobre todo si corre de noche o si es usted una mujer. Como vale más prevenir que curar, puede seguir algunas indicaciones sobre la seguridad para que sus sesiones de entrenamiento resulten más seguras.

- » Vaya siempre identificado. Puede colocar sus datos en un llavero para zapatillas deportivas y sujetarlo a la parte superior de una de las zapatillas.
- » Antes de salir, anote su recorrido y déjeselo a un amigo o familiar o en un lugar donde pueda ser encontrado con facilidad.
- » Lleve consigo un teléfono móvil con números de emergencia programados para su marcación rápida, o en su defecto cambio para hacer una llamada desde una cabina.
- » Recuerde que correr con auriculares le hace ser menos consciente sea de su entorno y por tanto más vulnerable. Si lleva algún dispositivo en los oídos, mantenga el volumen bajo posible y preferiblemente deje una oreja libre.
- » Ignore el acoso verbal y emplee la discreción al saludar a desconocidos. Mire a las personas directamente y sea observador, pero guarde la distancia y continúe en movimiento.

Ante el acoso de un perro

Al cruzarse con perros, no los mire a los ojos y no cambie de dirección. Si entra en el territorio de un perro, puede meterse en un problema. La mejor opción es utilizar una ruta diferente, pero si no es posible, existen varios medios para disuadir a los perros: un palo, dispositivos que emiten señales electrónicas y pulverizadores de pimienta. A la primera señal de que un perro se acerca, o un ladrido, intente averiguar dónde está el perro, si es una amenaza real y qué territorio está protegiendo. Si realmente quiere o tiene que pasar por donde está el perro, coja un palo si no tiene otro mecanismo para alejar al animal. Fíjese en la cola: si no se mueve, tenga cuidado. Cuando se acerque al perro, es normal que éste ladre y se acerque a usted. Grítele voz autoritaria, fuerza y seguridad, sin mostrar ningún temor, para dejarlo paralizado. Si trata de abalanzarse, levante el palo, y el perro se retira en la inmensa mayoría de los casos. Puede que necesite hacerlo varias veces antes de atravesar el territorio del perro. Mantenga los brazos en alto. Existen muy pocas posibilidades de que el perro persevere en su agresividad, pero si es el caso y percibe que el pelo del lomo está erizado, aléjese porque puede que tenga rabia.

- » Si corre con poca luz o ya anochecido, lleve prendas con bandas reflectantes o sujete sobre su vestimenta habitual o en sus tobillos alguna cinta reflectante; evite correr solo, especialmente si es mujer; y no corra con auriculares: los oídos son un dispositivo para la supervivencia que le permiten oír lo que no puede ver.
- » Si corre por zonas desiertas, hágalo siempre en pareja o en grupo, y nunca por una zona demasiado alejada de cualquier tipo de ayuda.
- » Si corre en áreas inciertas, lleve consigo una alarma personal o silbato estridente, o incluso un aerosol de pimienta en zonas inseguras. Use su instinto y dé la vuelta a la menor señal.
- » Si una misma persona se deja ver con frecuencia en su camino, altere la ruta de vez en cuando. Evite siempre ser demasiado predecible.
- » Si corre por la ciudad, ya sea por las aceras o por calles peatonales, no lo haga en modo crucero y sea consciente constantemente del tráfico rodado en todo momento. Manténgase vigilante para anticiparse por si se cruza con un conductor ebrio, dormido o distraído con el móvil. Es preferible un recorrido sin semáforos ni cruces de calles.
- » No cruce la calle por inercia. Cuando corra con otra persona, no la siga ciegamente al cruzar la calle. Los corredores que cruzan la calle en esprint sin mirar, a menudo son sorprendidos por coches que vienen por direcciones inesperadas. Este efecto todavía es más grave en grupo: los corredores de atrás asumen que no tienen que preocuparse en absoluto del tráfico.
- » Si corre por carretera, hágalo de frente al tráfico, para tener las espaldas cubiertas; y lleve ropas blancas y prendas reflectantes por la noche. Mantenga siempre una buena distancia respecto a los vehículos y cédales el paso.
- » Esté siempre alerta. Cuanto será y aumentará la probabilidad de que esté listo para actuar en una emergencia. Por tal motivo, no porte auriculares cuando se entrene. Sus oídos son una herramienta para la supervivencia, una especie de radar auditivo de 360 grados. No malogre su propósito.

Parte II
Nutrición y salud

CAPÍTULO 4

Correr es bueno para la salud

Correr es una inversión para toda una vida con una buena salud. Correr es la forma más básica, eficaz y barata de ponerse en forma. Puede ayudarle a perder peso, a incrementar la fuerza del esqueleto y su masa ósea, a potenciar su sistema inmunológico, a hacer descender su presión sanguínea y a aumentar su confianza en sí mismo. No obstante, lo mejor es que prácticamente todo el mundo puede hacerlo. Todos tenemos nuestra forma particular de colocar un pie delante del otro, y la capacidad para hacerlo es lo único que necesita para empezar.

La carrera a pie es una de las acciones más naturales y espontáneas que el hombre puede realizar, hasta el punto de que el organismo humano se adapta a esta actividad si se practica de forma continuada y regular. Sus efectos positivos se hacen notar especialmente en los sistemas circulatorio y respiratorio. Alguien escribió que corriendo no se enferma. Tal afirmación no es cierta en términos absolutos, pero es bastante plausible si nos referimos a los resfriados, a los problemas musculares y a las enfermedades cardiovasculares.

Repartidores versus oficinistas

La idea clara de que un mayor movimiento de las piernas conduce a una mejor salud es menos antigua de lo que suele pensarse. A pesar del pedigrí de la frase clásica *Mens sana in corpore sano*, que data del primer siglo de nuestra era, lo cierto es que hasta la segunda mitad del pasado siglo no empezó el ser humano a ser plenamente consciente de que cuando movía las piernas, movía el corazón, poniendo en marcha un verdadero círculo virtuoso directamente conectado con la longevidad.

Una de las primeras investigaciones al respecto fue la del médico británico Jerry Morris, quien en la década de 1960 estudió la tasa de enfermedades cardiovasculares de grupos de trabajadores con distinto grado de sedentarismo, y descubrió que los cobradores de autobús y los repartidores de correo, que estaban en constante movimiento, sufrían menos ataques cardiacos que sus compañeros sedentarios, los chóferes de autobús y los oficinistas de correos.

En el cuerpo humano, lo que se gasta es, precisamente, lo que no se usa. Hipócrates, el padre de la medicina, ya nos advirtió hace más de veinticinco siglos de que «lo que se utiliza, se desarrolla, y lo que no se utiliza se atrofia». Solemos relacionar uso y desgaste: los automóviles, las camisas, los libros se desgastan con el uso. Sin embargo, los organismos vivos se desgastan precisamente por el

Correr es también bueno para la piel, porque estimula la circulación, transportando nutrientes y eliminando productos de desecho. El resultado es una menor cantidad de grasa subcutánea y una piel más limpia.

desuso. En efecto, al margen del deterioro producido por el paso del tiempo y las enfermedades, es la falta de actividad la que hace que las estructuras orgánicas y los tejidos se reduzcan y debiliten.

Que circule el oxígeno

La razón principal de que correr sea tan saludable estriba en la importancia vital del oxígeno para nuestro organismo y en el hecho de que, junto a la dieta, un buen estado de forma física incide en la eficiencia de nuestro cuerpo para transportarlo. Cada célula viviente del cuerpo requiere un suministro constante de oxígeno. El oxígeno es absorbido en la sangre a través de los pulmones, luego transportado por todo el organismo mediante un sistema de vasos sanguíneos, los más grandes de los cuales son las venas y las arterias, y los más pequeños, los capilares.

Cuando la grasa que ingerimos entra en el torrente sanguíneo, se aloja en los resquicios de las paredes arteriales formando una placa. Con el tiempo esta placa aumenta, de forma que, eventualmente, llega a bloquear el flujo de sangre oxigenada hacia los órganos mayores como el corazón y el cerebro, además de los músculos, que necesitan también oxígeno para casi todo lo que hacen. Los vasos sanguíneos de un corredor tienden a acumular menos placa que los de una persona que no lo está, y además, el recubrimiento de los vasos sanguíneos se hace más flexible, de modo que el corazón no tiene que trabajar con tanta fuerza para bombear la sangre a través del cuerpo.

Un corazón más fuerte

El ejercicio aeróbico en general, y correr en particular, es extremadamente valioso para la salud del corazón y los vasos sanguíneos. La razón principal es que refuerza las paredes del corazón y aumenta su masa muscular, de modo que bombea más sangre y disminuye su frecuencia cardíaca. Este efecto resulta fundamental para nuestra salud, pues el corazón consigue más capacidad no sólo mientras dura el ejercicio, con lo que nos cansamos menos al realizar cualquier actividad, sino también en reposo, lo que es como un seguro de vida.

Pero los beneficios cardiovasculares son muchos más: se ensancha el diámetro de las arterias coronarias; mejora el aporte de oxígeno al músculo cardíaco, con lo que reduce la presión a la que se le somete y ayuda a que trabaje de un modo más eficiente; aumenta el número de vasos capilares de los músculos, con lo que el corazón puede distribuirles una mayor cantidad de sangre; mejora la circulación al evitar la acumulación de grasa en las paredes de las arterias y aumentar su elasticidad; ayuda a normalizar los niveles de azúcar en la sangre y a aumentar la tolerancia a la glucosa, y reduce los niveles de grasas nocivas en la sangre, como el colesterol.

Correr mejora la circulación colateral, de modo que incluso si se produjesen bloqueos en los vasos sanguíneos, la circulación alrededor de esos bloqueos mejoraría. Tanto es así que para las enfermedades cardiovasculares, la carrera no es sólo se emplea para prevenir, sino incluso para curar. Existen tratamientos para cardiópatas con sesiones de entrenamiento para hacer recuperar al corazón la tonicidad perdida, lo que ha dado lugar a carreras de larga distancia, incluidos maratones, reservadas a cardiópatas.

HUESOS Y TENDONES MÁS RESISTENTES

Un ejercicio físico regular es saludable para los huesos porque produce mejoras en la composición ósea, aumentando la masa ósea y haciendo más resistente su estructura interna. Este efecto se logra gracias a la mayor vascularización y retención de minerales.

Aumentar la densidad de los huesos es importante porque es lo que determina su fortaleza: los huesos con densidad baja son frágiles y más propensos a fracturarse al recibir un golpe. La densidad se puede aumentar con el ejercicio aeróbico, caminando, saltando o corriendo mientras soportamos nuestro propio peso, o practicando un entrenamiento tonificante, ya que los músculos tiran del

La preparación del corredor es una de las más completas y equilibradas que existen: un cuerpo que corre debe ser flexible, poseer resistencia física y cardiovascular, un fondo bien desarrollado y la fuerza y la potencia justas.

Una vez hemos incorporado el correr a nuestra vida, puede acompañarnos el resto de nuestros días. Con el acondicionamiento adecuado, el organismo correrá durante mucho tiempo hasta bien entrada la senectud.

hueso, y cuanto mayores y más fuertes son, mejor lo protegen. Por el contrario, la ausencia de ejercicio a lo largo de toda la vida puede dar lugar a una enfermedad degenerativa ósea grave, como la osteoporosis. En el caso de las mujeres esto reviste una importancia esencial, pues tras la menopausia disminuyen de modo drástico los niveles de estrógenos, hormonas responsables de mantener la salud de los huesos.

Corriendo de manera regular también logramos fortalecer los elementos constitutivos de la articulación, como el cartílago y los ligamentos. Con ello protegemos nuestra calidad de vida porque evitamos que cualquier traspiés o mal gesto pueda convertirse en una rotura o esguince doloroso, ya que los tendones y ligamentos más fuertes de los músculos protegen las articulaciones y reducen el riesgo de sufrir accidentes. Podemos llevar a cabo ejercicios regulares de elasticidad o de resistencia. Los primeros mantienen activa toda la gama de movimientos que las articulaciones pueden soportar. También fortalecen tendones y ligamentos los ejercicios de resistencia de bajo impacto, como la natación o las caminatas, en los que se ejerce muy poca presión sobre las articulaciones. Tanto unos como otros ayudan a prevenir o mitigar la artritis.

Pulmones más capaces

Al aumentar la fuerza, la resistencia y la elasticidad en los músculos y órganos que intervienen en la respiración, correr mejora nuestra actividad respiratoria. Y respirar bien supone vivir más y mejor. A diferencia de lo que ocurre con el corazón, el ejercicio aeróbico no modifica físicamente el tamaño de los pulmones. Sin embargo, sí maximiza la capacidad respiratoria natural del cuerpo, pues optimiza el rendimiento de los músculos que intervienen en la respiración, de tal manera que necesitamos menos respiraciones para transportar el mismo volumen de aire. Respirar de un modo más lento y profundo es mucho más eficiente y saludable, porque permite que casi todo el aire inspirado en cada movimiento respiratorio llegue a la parte de los pulmones donde se efectúa el intercambio de oxígeno y monóxido de carbono. Al intensificar la «capacidad » pulmonar, o mejor dicho, la eficiencia respiratoria, el ejercicio físico contribuye a favorecer la longevidad.

UN METABOLISMO MÁS ACTIVO

Correr quema más calorías que prácticamente cualquier otro ejercicio, así que es una pieza esencial en un programa de control de peso. Correr acelera nuestro metabolismo y nos permite quemar grasas con mayor facilidad. A este efecto positivo se llega por dos vías: porque correr involucra directamente al tejido graso, por sus requerimientos energéticos, y porque afecta a toda la constitución corporal. Por un lado, al correr utilizamos la grasa como combustible y gastamos una cantidad de calorías que está por encima de la tasa metabólica basal. Por otro, un ejercicio muscular tonificante desarrolla las fibras musculares, lo cual acelera asimismo la velocidad metabólica.

Estos dos efectos son los que justifican las sesiones aeróbicas prescritas para perder peso. Además de perder grasa durante el ejercicio, las personas con una tasa metabólica alta queman calorías más rápido y mejor también durante los momentos de reposo. Por añadidura, al ser el porcentaje de masa muscular mayor que el de grasa, también aumentan los niveles de energía, de manera que es más probable que las personas sean activas en la vida diaria.

UNA MENTE MÁS LÚCIDA

El ejercicio aporta energía, pero no sólo al cuerpo, sino también a la mente. Según investigaciones recientes, una actividad regular practicada tres veces por semana es capaz de mejorar la memoria y el juicio en un 25 por ciento. Este efecto se debe a que un entrenamiento intensivo aumenta el bombeo de la sangre que llega al cerebro, que ve mejorada su irrigación con sangre recién oxigenada. Esta buena alimentación mejora la eficacia del cerebro y ayuda a neutralizar las pérdidas acumuladas, ya sea por estrés, por intoxicación o por envejecimiento. Cualquier forma de ejercicio físico que exija agilidad, coordinación y concentración, por otra parte, también favorece la estimulación del cerebro. Está demostrado que las personas de edad que practican regularmente ejercicio pierden menos la memoria y conservan mejor sus facultades cognitivas.

Practicar ejercicio físico de manera habitual también tiene efecto positivo en el sistema endocrino, pues está vinculado al funcionamiento correcto de la hormona insulina. Esta sustancia desempeña un papel muy importante en nuestro organismo, ya que es secretada por el páncreas para regular la cantidad de azúcar presente en la sangre y garantizar asimismo que los diversos tejidos tengan el nivel correcto de glucosa para su sano funcionamiento. Las personas que se mantienen aeróbicamente en forma fabrican una cantidad menor de insulina, al mismo tiempo que siguen regulando de manera efectiva el azúcar del cuerpo. Ésta es la razón por la que el ejercicio puede ser útil para tratar la manifestación juvenil de la diabetes. También la actividad depuración de toxinas se ve facilitada práctica de ejercicio.

Un ánimo más feliz

Pero los beneficios de correr para la salud psíquica van más allá del fortalecimiento de las facultades intelectivas, pues también implican las emocionales. Tras un entrenamiento, los corredores experimentan un aumento de las endorfinas, analgésicos naturales que bloquean los receptores del dolor y aumentan el buen humor. Esta sensación de placer mezclada con confianza en nosotros mismos se denomina «euforia del corredor» y se debe al hecho de que el ejercicio estimula la glándula pituitaria, encargada de liberar las hormonas del bienestar.

Al tiempo que ponemos en forma nuestro cuerpo estamos mejorando nuestro estado emocional. El efecto de levantar el ánimo actúa en diversos sentidos: aumenta las endorfinas u «hormonas de la felicidad» y acelera la eliminación de adrenalina y la noradrenalina u «hormonas del estrés», distrae al individuo de angustias y problemas, ayudando a descargar tensiones de diverso tipo, y refuerza la confianza en uno mismo.

Quienes corren con regularidad están de mejor humor, se sienten menos tensos, agresivos y deprimidos, y experimentan una sensación generalizada de energía, alegría y bienestar. Gracias al aumento de la eficacia física y a la visión más serena de la vida, correr también mejora la vida sexual.

Sistema inmunitario más eficiente

El ejercicio moderado, igualmente, parece optimizar el sistema inmunitario, mejorando ayudando a las células T asesinas en su labor de erradicar bacterias, virus y materias tóxicas invasoras. Estas células constituyen el ejército de hormigas de su sistema inmunitario; llegan en tropel y acaban con los invasores. Eso sí, hay que tener igualmente presente que si hacemos ejercicio hasta quedar completamente fatigados podemos, en realidad, perjudicar la función de las células T asesinas. De hecho, durante las 24 a 48 horas siguientes a un ejercicio exhaustivo e intenso, somos más susceptible a padecer infecciones de las vías aéreas superiores, como los resfriados.

Por otro lado, las mujeres que hacen ejercicio producen una forma menos potente de estrógeno que las que no lo hacen, lo que puede reducir a la mitad el riesgo de contraer cáncer de mama y útero.

Manténgase joven más tiempo con un régimen total para ponerse en forma: correr, hacer estiramientos y entrenamientos de resistencia, además de un estilo de vida saludable, pueden ayudar a ralentizar los signos del envejecimiento.

Los carbohidratos complejos, de liberación lenta, son el combustible más eficient del corredor de fondo. Ésta es, sin duda, una noticia excelente, porque la pasta integral puede depararnos grandes alegrías culinarias.

Capítulo 5

Combustible para correr

Para entender cómo funciona nuestro cuerpo resulta bastante gráfica la analogía con un vehículo. Cuando corremos en plenitud somos como una máquina en perfecto funcionamiento y los músculos de las piernas son los depósitos de combustible. Si deseamos tener suficiente autonomía, debemos asegurarnos de partir con el depósito lleno, así como de llenarlo de nuevo al finalizar el trayecto. No todos los combustibles tienen la misma calidad: los que mejor funcionan son los hidratos de carbono.

El texto de la entradilla simplifica al máximo la nutrición del corredor, para resaltar el papel preponderante que tiene en ella el consumo de alimentos energéticos. Pero por supuesto, día para conseguir un nivel óptimo de energía y salud, el corredor debe seguir una dieta completa, equilibrada y variada que incluya en la proporción adecuada cinco grupos fundamentales de alimentos.

Además de hidratos de carbono, hay que ingerir lípidos y proteínas todos los días. En primer lugar para no morirnos de hambre, porque los hidratos de carbono se queman con rapidez, pero también porque tienen un papel importante en el entrenamiento. Los lípidos nos dan combustible para los recorridos de larga distancia. Las proteínas nos ayudan a reconstruir los músculos de las piernas después de sesiones de ejercicios duros y además, nos ayudan a transportar la energía durante la carrera.

Al objeto de tener una dieta equilibrada y obtener el mejor rendimiento al correr necesitamos cinco grupos de alimentos: los citados carbohidratos (sobre todo los complejos, tipo almidón, aunque los simples o azúcares cumplen asimismo una función en la carrera), las proteínas, los lípidos, como productos lácteos y frutos secos, y por supuesto las frutas y las verduras, ricas en fibra, vitaminas y oligoelementos. A estos nutrientes habría que sumar otro que podemos considerar el más importante: el agua, del que hablaremos en un capítulo aparte.

Los cinco grupos de alimentos proporcionan una serie de beneficios, aportando energía para hacer deporte, aminoácidos para regenerar los tejidos corporales, y diversas vitaminas y minerales que ayudan a mantener sanos la piel, el cabello, los dientes y los ojos. Hay distintas opiniones sobre los porcentajes recomendados de glúcidos (hidratos de carbono y azúcares), prótidos (proteínas) y lípidos (grasas), pero la horquilla saludable sería entre un 25 y un 30 por ciento de proteínas, entre un 10 y un 15 por ciento de grasas y el resto, entre un 55 y un 60 por ciento, glúcidos, preferentemente carbohidratos complejos.

Carbohidratos para obtener energía

Los carbohidratos son la mejor fuente de energía, el único carburante que puede utilizar nuestro cerebro. Es de los glúcidos o hidratos de carbono de donde obtenemos la energía constante y necesaria para vivir. Son los pilares de la vida, de modo que, cuando vamos faltos de ellos, nuestro organismo se resiente al instante, disminuye su tono vital y se ve forzado a realizar un sobreesfuerzo que perjudica a todos los órganos vitales, desde el hígado al cerebro, pasando por la tiroides, los riñones o el corazón. Además estos nutrientes son la fuente de energía más ecológica para nuestros cuerpos, su combustible más limpio, pues al intervenir cada día para que el cuerpo funcione a pleno rendimiento, se queman y no dejan ni rastro.

También proporcionan al cuerpo una serie de vitaminas del grupo B (que potencian la energía) y fibra, que ayuda a limpiar el organismo, los alimentos como el pan, la pasta y los cereales aportan al cuerpo cuatro calorías por gramo. El cuerpo los convierte en una sustancia llamada glucógeno que, como combustible, es quemada rápida y fácilmente. Por eso, los carbohidratos son la fuente favorita del cuerpo para obtener calorías. La mayoría de los corredores adultos deberían tomar entre seis y doce raciones de carbohidratos de tipo almidón por día, sin olvidar que el organismo sólo puede almacenar una cantidad limitada de glucógeno, por lo que es esencial consumir una dieta variada y equilibrada.

Priorizar la energía para fondo

Los carbohidratos se consideran «mejores» o «peores» según la rapidez con la que llegan a la sangre. La velocidad de absorción determina su función energética y su calidad nutritiva. Los glúcidos simples, de liberación rápida, cuando se consumen solos, provocan un aumento acelerado de azúcar en la sangre, pasan y aportan una energía inmediata, a la que sigue un bajón, y que se convierte fácilmente en kilos de más si no se gasta al instante. Los glúcidos complejos, de liberación lenta, proporcionan una energía repartida durante toda la jornada, porque tardan mucho más tiempo en ser digeridos que los azúcares simples.

Esta segunda opción es mucho más recomendable, porque las calorías ingeridas acaban cumpliendo más fácilmente su función de satisfacer las demandas energéticas del organismo y es menos probable que acaben siendo almacenadas como grasa de reserva. Los glúcidos simples están presentes sobre todo en azúcares, almíbar y mermeladas, caramelos y dulces, jaleas, miel, chocolate y derivados, repostería, pastelería, bollería y bebidas azucaradas. Los complejos los encontramos principalmente en féculas, cereales, pastas, frutos secos y legumbres. Eso sí: siempre que sean integrales, pues muchos carbohidratos «buenos» se convierten en «malos» tras su procesamiento industrial. Es el caso de los

RACIONES DE LOS GRUPOS DE ALIMENTOS

CARBOHIDRATOS COMPLEJOS (6-12 RACIONES DIARIAS)

Proporcionan fibra, hierro, manganeso y glucosa.

» **Ración:** 1 rebanada de pan; 1 cucharada sopera de miel; 100 g de cereales o pasta; 1 patata grande.

» **Contienen carbohidratos complejos:** legumbres, cereales y pastas integrales.

» **Contienen carbohidratos simples:** miel, patatas, pan blanco, arroz blanco.

PROTEÍNAS (3-5 RACIONES DIARIAS)

Proporcionan vitaminas A y D, hierro, cinc y bloques de proteína en forma de aminoácidos.

» **Ración:** 1 huevo; 85 g de pescado, carne o pollo cocinados; 100 g de legumbres; 85 g de tofu.

» **Contiene proteínas:** huevos, pollo, pavo, pescado, carne, legumbres, tofu.

LÍPIDOS (2-3 RACIONES DIARIAS)

Proporcionan vitamina A, calcio, cromo, vitamina D y bloques de proteína en forma de aminoácidos.

» **Ración:** 30 g de queso; 240 cl de leche, leche de soja o yogur.

» **Contienen lípidos:** aceite de oliva, queso, leche, leche de soja, frutos secos, yogur.

FRUTAS (2-4 RACIONES DIARIAS)

Proporcionan diversas vitaminas y minerales, fibra y glucosa.

» **Ración:** 1 fruta de tamaño mediano; 30 g de fruta troceada, 30 g de fruta seca.

» **Contiene vitaminas recomendables:** papaya, manzana, plátano, naranja, uvas pasas, bayas silvestres.

VERDURAS (POR LO MENOS 5 RACIONES DIARIAS)

Proporcionan variedad de vitaminas y minerales, fibra y glucosa.

» **Ración:** 1 hortaliza mediana entera; 60 g de verduras y hortalizas crudas y troceadas; 60 g de verduras u hortalizas troceadas y cocinadas.

» **Son especialmente recomendables:** brécol, berenjena, cebolla, alcachofas, espinacas.

AGUA (POR LO MENOS 6-8 VASOS DIARIOS)

Proporciona hidratación vital además de sales minerales y oligoelementos.

» **Ración:** 1 vaso de 24 cl.

Debe ser pura, no en refresco, puede ser del grifo, embotellada o filtrada.

cereales refinados, como la harina blanca y sus derivados en panadería y bollería, o el arroz blanco, que actúan como azúcares simples de rápida absorción.

Usar la energía para la velocidad

Aunque la mayor parte de su ingesta de carbohidratos debería consistir en los de tipo complejo, ambos son fuentes importantes de energía para el cuerpo y tienen distintos fines. Los carbohidratos complejos son mejores para las carreras largas, mientras que los simples son ideales para los sprints cortos. Los carbohidratos complejos, que se encuentran en los cereales, las legumbres y las hortalizas, son moléculas de azúcares unidas formando largas cadenas.

Así pues, se metabolizan lentamente para liberar azúcar al torrente sanguíneo y así obtener energía a largo plazo, como cuando se corren distancias de 8-32 km. Los carbohidratos simples, que se encuentran en la fruta, la leche y los dulces, consisten en moléculas de azúcares de cadena corta que se metabolizan rápidamente para provocar una subida inmediata en los niveles de azúcar en sangre. Proporcionan incrementos cortos de energía para los sprints, pero también pueden proporcionar unos incrementos útiles de energía durante el transcurso de carreras largas como las maratones o las medias maratones.

La función dietética de los azúcares simples consiste estrictamente en proporcionar un aumento instantáneo de glucosa en la sangre que debe ser empleada de golpe como fuente de energía. Por consiguiente, a no ser que nos encontremos en una situación que requiera un esfuerzo físico extraordinario, o una respuesta de lucha o huida, nuestro cuerpo no estará preparado para consumir toda la glucosa al instante, por lo que salvo reservará una pequeña cantidad en el hígado, como glucógeno, pero convertirá en grasa toda la cantidad restante. Su abuso, además, produce flatulencia y deficiencia de vitamina B1, uno de los árbitros del metabolismo. Existen momentos del día en que se puede consumir glúcidos simples, por ejemplo después del entrenamiento y en las primeras horas del día, ya que se requiere de una respuesta rápida del organismo para secretar insulina.

Proteínas para recuperarse

Las proteínas los «ladrillos» del organismo, el material que el cuerpo utiliza para construir los tejidos o para sustituir los tejidos dañados. Las proteínas casi nunca se usan para producir energía, pero son esenciales para el crecimiento. Ya sabemos que intervienen en la formación del músculo, contribuyen a la constitución de anticuerpos y hormonas y transportan el oxígeno. Los prótidos provienen de alimentos de origen animal, como carnes, pescado, leche, huevos, aunque también los contienen algunos vegetales como las legumbres. Para lograr la can-

Al contrario que una barrita de caramelo, que tiene hidratos de carbono en forma de azúcares simples, los hidratos de carbono complejos se queman más despacio. Así es más fácil mantener un nivel de energía sostenido durante el entrenamiento. No tendrá las bajadas de azúcar en sangre, ni tampoco los baches de energía que suelen afectar a los corredores que se entrenan para un maratón.

tidad de proteínas necesarias solamente de los vegetales, tendríamos que tomar mucha mayor cantidad de alimentos que si las obtenemos de los animales.

Las proteínas proporcionan «ladrillos» en forma de aminoácidos. Estos aminoácidos ayudan a regenerar los músculos después de su «destrucción» durante la práctica de ejercicio. La proteína también se convierte en una valiosa fuente de energía en las carreras de larga distancia (90 o más minutos), cuando las reservas de glucógeno se han agotado. Ciertos tipos de proteínas, como las carnes rojas, proporcionan hierro al cuerpo, mientras que otras, como el pescado azul, son una buena fuente de ácidos grasos omega 3, que ayudan a prevenir los problemas articulares.

Hay que incluir proteínas en todas las comidas porque las proteínas se gastan con rapidez. Todas las células del cuerpo, ya se trate de huesos o de tejido muscular, ya de piel, uñas o cabello, están en constante cambio y sin estos nutrientes no pueden llevar a cabo su renovación. Además, las proteínas están constituidas por 25 aminoácidos, 8 de los cuales son esenciales, es decir, que sólo pueden obtenerse de los alimentos. Y si no las recibe de los alimentos, el organismo atacará su propia estructura corporal para procurarse lo que le falta. Por añadidura, el cuerpo no puede almacenar proteínas, como almacena carbohidratos o grasas, sino que las necesita recientes. Por todo ello es fácil entender que lo más saludable es suministrar al organismo un aporte proteico constante. Para un corredor, las necesidades de proteínas oscilan entre 1,5 y 2 g por kilo de peso diarios. Por debajo de estas cantidades nos sentiremos fatigados y someteremos al corazón a una peligrosa prueba de resistencia.

Proteínas variadas y de calidad

Es recomendable que las proteínas que tomemos sean de buena calidad. Cuando hablamos de «calidad» en una proteína nos referimos a la cantidad de aminoácidos esenciales que contiene. Cuanto más completa sea, mayor su calidad. Si falta un aminoácido esencial, el organismo no puede sintetizar proteínas, por lo que su valor biológico disminuye.

La calidad de las proteínas se define según el esquema de aminoácidos del huevo, considerado el referente ideal. De ahí que las proteínas animales sean de calidad superior a la vegetal. Las más recomendables son las que proceden del pescado, como atún y salmón fresco, huevos orgánicos, legumbres, frutos secos y semillas. En cuanto a la carne, las mejores son las pechugas de pavo y de pollo. Las de origen vegetal, presentes en legumbres, cereales y frutos secos, se consideran incompletas porque son deficitarias en uno o más de los aminoácidos esenciales. Sin embargo, estas proteínas bien combinadas en regímenes vegetarianos pueden dar lugar a otras de valor equiparable o superior a las ani-

¿Perder grasa corriendo?

Es importante destacar que el adelgazamiento debe buscarse paulatinamente y sin quemar etapas. Para perder un kilo de grasa (perderlo de verdad, en el sentido de consumirlo totalmente) hay que quemar unas 7.000 calorías. La actividad necesaria para lograrlo no produce ningún daño si está distribuida en dos semanas. Esto significa un consumo medio de 500 calorías al día, que equivale, para un hombre de 80 kg, a correr 6 km, es decir, aproximadamente media hora de deporte al día. No debemos hacernos ilusiones con las pérdidas de peso que se aprecian cada vez que se sale a correr, puesto que corresponden exclusivamente a la pérdida de líquidos producto de la sudoración. No son más que falsas impresiones de adelgazamiento, porque el organismo recupera los líquidos estimulando la sed o reteniendo de la comida los líquidos que necesita.
Por otro lado, conviene evitar la combinación de dietas hipocalóricas y esfuerzo físico.

males. La soja y sus derivados en forma de tofu, miso y tempeh, si es orgánica, es una proteína vegetal que contiene todos los aminoácidos esenciales. Ningún alimento posee un balance de aminoácidos perfecto, pero las fuentes de proteínas incompletas que carecen de ciertos aminoácidos esenciales o los contienen en cantidades muy bajas, pueden completarse con otras fuentes de proteínas si nuestra dieta es rica y variada, dando como resultado un aporte proteico de mayor calidad que el que tendría una persona que sólo consumiese pescado o pollo. Por eso lo ideal es variar las fuentes de proteínas para asegurarnos de que el aporte proteico es completo.

Productos lácteos para unos huesos fuertes

Los alimentos del grupo de los lácteos, como el queso, la leche y el yogur, también contienen cuatro calorías por gramo. Estas calorías proporcionan al cuerpo una fuente secundaria de energía. Los productos lácteos son, además, ricos en calcio, que ayuda a tener unos huesos fuertes, minimizando así la incidencia de las fracturas y de otras lesiones. La vitamina D, que se encuentra en los productos lácteos como el queso, es crucial para la absorción del calcio. Las personas con intolerancia a la lactosa pueden sustituir estos productos con derivados de soja enriquecidos en calcio o con verduras ricas en calcio, como las espinacas. Los adultos deberían consumir entre dos y tres raciones diarias.

Grasas como energía de reserva

Cuando no encuentra glúcidos, el cuerpo busca energía en sus reservas de glucógeno. Dado que en cada gramo de glucógeno hay cuatro gramos de agua, puede parecer que en esta fase se pierde mucho peso con rapidez, pero esta pérdida no será de grasa, sino de agua. Una vez agotado el depósito de glucógeno de la musculatura, el cuerpo empieza a disolver lípidos. Las grasas son el nutriente con peor prensa. Pero grasas existen buenas y malas. Son sustancias de

Si se consume con moderación y se toma aparte agua suficiente para contrarrestar su efecto diurético, la cafeína puede ayudar a mejorar nuestros resultados. A algunos corredores les proporciona una potenciación física y mental, que les ayuda a sentirse más fuertes mientras corren.

naturaleza y función muy variada. Son importante fuente de energía para nuestro organismo. Unos lípidos como las grasas neutras o triglicéridos, se almacenan en las células grasas del tejido adiposo. Otros lípidos como los que contienen la bilis emulsionan las grasas (insolubles en agua) para que puedan ser digeridas por el intestino. Otros son vitaminas como la A, D, E, y K. Son alimentos ricos en lípidos, la leche, las grasas animales, la mantequilla, los frutos secos y los aceites. Además, lo que hace que las grasas sean peligrosas no es tanto su composición, como su consumo excesivo, que hace que se acumulen unas reservas que nunca llegan a ser utilizadas. Si no nos extralimitamos, las grasas cumplirán su función en una dieta equilibrada, y además nos procurarán unas útiles reservas energéticas para cuando nuestro cuerpo haya agotado los depósitos de glucógeno. Se calcula que una persona normal puede ingerir cada día aproximadamente un gramo de grasas por kilo de peso, preferiblemente de origen vegetal.

Grasas contra la inflamación

Incorporar grasas insaturadas a la dieta para favorecer los procesos antiinflamatorios y regular el colesterol. La relación entre las grasas y el colesterol es más compleja de lo que parece: existe un «colesterol bueno», el colesterol HDL, que limpia las arterias de depósitos de grasa, y un «colesterol malo», el colesterol LDL, peligroso porque se deposita en las paredes de las arterias y favorece a la larga los accidentes cardiovasculares. Pues bien, las grasas «buenas» y «malas» están directamente relacionadas con estos dos tipos de colesterol. Las grasas

insaturadas aumentan el metabolismo de las grasas y el colesterol, por lo que queda menos cantidad disponible para pegarse a las arterias. No sólo reducen la cantidad de colesterol malo (LDL), sino que también elevan el bueno (HDL), disminuyen el nivel de triglicéridos, fluidifican la sangre y reducen el riesgo de diabetes y de enfermedad cardiovascular. Mientras que las grasas saturadas producen prostaglandinas «malas», es decir, muy inflamatorias, las prostaglandinas «buenas», antiinflamatorias, proceden de las grasas insaturadas. Las grasas buenas monoinsaturadas son abundantes en el aceite de oliva y aguacate; las grasas buenas poliinsaturadas se encuentran en los aceites de semillas, los frutos secos y en el pescado, especialmente el pescado azul.

Vitaminas como escudo

Las vitaminas ponen la vida en marcha, pues sin ellas el organismo no es capaz de asimilar los nutrientes, y además actúan como escudos que protegen las células y los tejidos de múltiples agresiones. Sin vitaminas, ni los glúcidos cumplirán su función energética ni las proteínas su función constructiva. Si nos falta alguna de ellas, nuestro organismo es más débil y susceptible de contraer cualquier enfermedad. Deben venir aportadas por la dieta, ya que no pueden ser sintetizadas por el organismo, o si lo son —es el caso de las vitaminas K, B1, B12 y ácido fólico, sintetizadas en la flora intestinal—, es en cantidades tan insignificantes que no pueden cubrir las necesidades corporales del individuo. La única excepción es la vitamina D, que se puede formar en la piel con la exposi-

Las vitaminas del grupo B

Su presencia favorece el equilibrio del sistema nervioso para que pueda responder al estrés, los estados depresivos y el insomnio, y asegura además la buena asimilación de los hidratos de carbono y la transformación de las grasas en energía. Más en concreto, la vitamina B1 o tiamina interviene en la transformación de los hidratos de carbono en energía y su carencia produce trastornos del sistema nervioso y debilitamiento del corazón; es la vitamina de los deportistas.

La B2 o riboflavina interviene en el metabolismo energético, e interviene en el crecimiento y renovación de las células, manteniéndolas en buen funcionamiento sobre todo las de la piel y mucosas en buen estado. La B3, llamada niacina, PP o ácido nicotínico, es necesaria para el metabolismo de los hidratos de carbono, grasas y proteínas, y contribuye a la buena salud de la piel, del aparato digestivo y del sistema nervioso; su carencia produce demencia, diarrea y dermatitis. La B6 o piridoxina, imprescindible para levantar el ánimo y recuperarse del agotamiento, interviene en la degradación de los aminoácidos y el metabolismo de las proteínas. La B5 o ácido pantoténico interviene en el metabolismo celular como coenzima en la liberación de energía, y mejora la cicatrización de las heridas; su carencia provoca falta de atención, apatía, alergias y bajo rendimiento energético en general. La vitamina B12 o cianocobalamina es indispensable para la maduración de los glóbulos rojos y la formación de hemoglobina, y su carencia produce anemia perniciosa, también trastornos digestivos y nerviosos. La vitamina B1 se halla sobre todo en el hígado, huevos, leche, cereales y legumbres, y también en el chocolate y en la fruta. La B2 se halla sobre todo en los alimentos proteínicos. Los alimentos ricos en vitamina B3 son los vegetales de hoja, espinacas, acelgas, el atún y el hígado de animales. La B6 se halla en pollo, pescado y huevos, pero sobre todo en las legumbres y cereales integrales; su necesidad es proporcional al consumo de proteínas y se incrementa con el consumo de alcohol. La B5 se encuentra en una gran variedad de alimentos, pero especialmente en las vísceras, la levadura de cerveza, la yema de huevo y los cereales integrales. La B12 es la única que no se halla en el reino vegetal, mientras que las carnes, el pescado azul, los crustáceos, los huevos y los quesos son muy ricos en esta vitamina.

En la dieta del corredor no puede faltar el pescado, en especial el pescado azul, como el atún, la caballa, el salmón, las sardinas o el emperador. Su interés es doble: por un lado sus proteínas son de las de mayor calidad, por otro, sus ácidos grasos se cuentan entre las denominadas «grasas buenas».

ción al sol. En principio, una alimentación variada aporta ya todas las vitaminas en cantidad suficiente y un consumo excesivo es perjudicial para la salud, así que si nuestra dieta ya es rica y equilibrada, es un grave error recurrir a suplementos vitamínicos en dosis elevadas con la idea equivocada de que así aumentaremos nuestro rendimiento.

Conocemos 13 vitaminas que son esenciales para el hombre. Atendiendo a su composición, se clasifican en dos grupos: liposolubles e hidrosolubles. La solubilidad no solo sirve para clasificar las vitaminas, sino que también nos informa sobre qué acción ejercen, el modo cómo se almacenan en el cuerpo y su toxicidad. Las vitaminas liposolubles son las que se disuelven en disolventes orgánicos, grasas y aceites, por lo tanto se encuentran asociadas a las grasas de la dieta, se depositan en el hígado y tejidos adiposos, y se eliminan con dificultad, por lo que es posible subsistir sin un aporte diario. Son liposolubles la vitamina A (retinol), la D (calciferol), la E (tocoferol), la K (antihemorrágica) y la F (ácidos grasos esenciales). Las vitaminas hidrosolubles son solubles en agua, se absorben con facilidad y se distribuyen por los líquidos extracelular e intracelular. El organismo no puede almacenarlas y elimina el exceso por la orina, por lo que es necesario conseguir un aporte diario suficiente a través de la alimentación. Son hidrosolubles la vitamina C (ácido ascórbico), la H (biotina), la B1 (tiamina), la B2 (riboflavina), la B3 (niacina), la B5 (ácido pantoténico), la B6 (piridoxina) y la B12 (cobalamina).

Frutas y verduras para obtener vitalidad

Las frutas frescas y las secas, como las manzanas, los melocotones, las naranjas y las uvas, son una fantástica fuente de minerales y vitaminas, entre las que se incluyen las vitaminas antioxidantes A, C y E. También son ricas en fibra, que limpia el tracto digestivo, y en azúcares simples, que se convierten rápidamente en energía. Frutas frescas como kiwis y fresas son ricas en vitamina C, que potencia los niveles de inmunidad y energía. Las frutas secas, como los orejones y las uvas pasas, son una valiosa fuente de hierro, que puede reducir el efecto de la fatiga. Intente consumir entre dos y cuatro raciones de fruta fresca o seca a diario.

Las verduras constituyen el quinto grupo de alimentos y son, quizá, los más importantes en cuanto a vitaminas y minerales. Intente incluir, como mínimo, una ración en cada comida, y tome cinco porciones diarias. Las verduras son una excelente fuente de fibra, energía y valiosas vitaminas y minerales. Por ejemplo, las verduras como las espinacas y las coles de Bruselas son ricas en ácido fólico, que protege contra la osteoporosis.

Las hortalizas de color rojo vivo como los pimientos morrones son ricas en potasio, que ayuda a reducir los niveles de presión sanguínea altos. Comer distintas verduras en abundancia contribuirá a su buena salud.

Agua, el principal nutriente

El agua es vida. Es el principio de todos los organismos de la Tierra y un elemento imprescindible para que la vida surja y se desarrolle. Además, la mayoría de los procesos químicos que se llevan a cabo en el interior de los organismos necesitan de este elemento. Nosotros mismos somos agua, en muy buena medida. Sin esta fuente de energía en las células, nuestro cuerpo se deteriora rápidamente.

El espacio acuoso de nuestro organismo se distribuye en tres compartimentos: el agua de dentro de las células o espacio intracelular, el líquido intersticial (situado entre las células) y el líquido intravascular, que circula por dentro de los vasos sanguíneos. Resulta revelador que el líquido extracelular tenga una composición iónica similar a la del agua del mar, aunque más diluida. Estos tres compartimentos acuosos están en continuo intercambio para mantener un equilibrio correcto dentro del organismo.

Hasta noventa días es capaz de resistir el ser humano, en el caso más extremo, sin ingerir alimentos, mientras que sin beber no somos capaces de aguantar más de cinco días, pues el límite máximo para un organismo humano medio entre tres y cuatro días. Resulta revelador recordar que nuestra vida comenzó en una cuna acuosa de líquido amniótico, así que no es nada sorprendente que el agua sea nuestro principal nutriente. Es imprescindible para que todos los organismos funcionen. Sin agua no hay vida.

Entre un 50 y un 75 por ciento del peso corporal es agua: aproximadamente un 85 por ciento de la sangre, un 75 por ciento del cerebro, un 70 por ciento de los músculos y hasta un 22 por ciento de los huesos. Así que, aunque a primera vista los seres humanos parecemos de carne y hueso, en el fondo casi tres cuartas partes de nosotros es agua. En el caso de los deportistas el porcentaje de agua es mayor, porque mayor es en ellos el porcentaje de tejido muscular.

Pero además de formar parte de nuestros tejidos, el agua es imprescindible para que el organismo pueda desarrollar sus funciones vitales. Participa en casi todos los procesos del organismo y es el medio donde se realizan las reacciones químicas celulares. Solvente, lubricante y refrescante, el agua es necesaria para evitar la fricción entre los órganos, eliminar toxinas, llevar los nutrientes a destino o regular la temperatura del cuerpo a través de la transpiración.

Beber sin sed

Si el cuerpo no recibe la cantidad de agua necesaria, el metabolismo entero se altera y la deshidratación puede aparecer de repente. Ésta supone es la pérdida de más del 3 por ciento del peso corporal. En esa situación disminuye enormemente la función cardiovascular y la termorreguladora. Una pérdida de un 10 por ciento de agua corporal puede desembocar en la muerte.

Si no reemplazamos la pérdida de líquido a través del sudor, el cuerpo empieza a sufrir, la sangre se espesa y el corazón tiene que bombear con más fuerza y disminuye el aporte de oxígeno y nutrientes que llegan a los músculos. Además, con el sudor perdemos también un alto porcentaje de sales minerales.

Por ello tenemos que bebemos beber agua aunque no tengamos sed, y hacerlo a sorbos cortos, sin prisa, y sistemáticamente antes y después de entrenar. Y por supuesto hay que beber de inmediato al menor signo de deshidratación. Si no remplazamos inmediatamente el agua que perdemos por la excesiva sudoración, disminuye el volumen sanguíneo, el corazón recibe menos sangre, bombea menos, y para mantener el esfuerzo le obligamos a subir el número de pulsaciones por minuto. Todo esto acelerará la aparición de la fatiga, es decir un menor rendimiento. Además de la sed, otras señales de advertencia de la deshidratación son mareos, orina concentrada en exceso, dolor de cabeza, sequedad de las mucosas y de la piel, sensación de ardor y acidez gástrica, somnolencia, debilidad y fatiga extrema, y cuando la deshidratación es avanzada: ojos hundidos y visión borrosa, pérdida de audición, piel seca y caliente, pérdida de aliento, modo de andar inestable, ganas frecuentes de orinar sin ingestión de líquidos, pulso acelerado, descenso de la tensión arterial, fiebre y retención de líquidos.

Agua para las funciones vitales

El agua es esencial pata la vida porque desempeña un papel principal en numerosas funciones vitales. A continuación señalamos unas cuantas para dar idea de lo importante que resulta estar convenientemente hidratados:

Digestión y expulsión de los alimentos. El agua permite digerir los alimentos, que además necesitan de ella para poder moverse dentro del tubo digestivo. Un suministro inadecuado de agua a las células y los tejidos altera dramáticamente la manera de aprovechar los alimentos. Junto con la fibra, el agua es fundamental para la motilidad intestinal. La fibra soluble atrae agua y crea una musculatura más uniforme. Hay que beber agua para facilitar los movimientos peristálticos que movilizan los alimentos mediante la contracción de las paredes del intestino. Así se evita la aparición de retenciones fecales que están en el origen de dolencias muy comunes, como el estreñimiento, la diverticulitis o inflamación del colón. El agua es una ayuda importante estableciendo la frecuencia de las contracciones del músculo intestinal, lo que contribuye no solamente a mejorar las alteraciones antes mencionadas sino la salud en general.

Secreción de residuos metabólicos y toxinas. El metabolismo corporal produce substancias tóxicas que deben expulsarse del organismo para evitar su propio envenenamiento, a través de los riñones y vejiga en forma de orina, y a través del sudor. Entre estos productos están la urea, que todos los mamíferos generan como resultado del metabolismo de las proteínas, y otros como el calcio, cuya acumulación en el propio riñón puede provocar la aparición de cálculos renales o piedras. Es necesario beber mucha agua para ayudar al riñón a expulsar por la orina los productos de deshecho del metabolismo. Para la eliminación de toxinas está especialmente recomendado beber uno o dos vasos de agua recién levantados. En ayunas, el agua realiza una gran labor de drenaje de las vías digestivas y urinarias. Los diuréticos no bastan, ya que actúan forzando la salida del agua acumulada junto con algunos nutrientes, de modo que el propio organismo vuelve a percibir señales de peligro y busca la primera oportunidad para reponer el agua desalojada. Para funcionar bien hay que dar al cuerpo el agua suficiente como para que deje salir el agua con toxinas retenida.

Lubricación de órganos y articulaciones. El medio acuoso facilita el dinamismo interno, pues el agua reduce la fricción entre las partes en contacto dentro de nuestro organismo. Los ojos, por ejemplo, necesitan del agua para permanecer húmedos y por ello las glándulas lacrimales producen líquido constantemente; también la lengua está siempre húmeda, las mucosas necesitan de agua, etc. De igual manera el agua sirve de lubricante para el movimiento fino y sin fricciones de las articulaciones.

Distribución de oxígeno y nutrientes celulares. Los alimentos y los gases se transportan en medio acuoso. La sangre circula por el cuerpo distribuyendo nutrientes y oxígeno, mientras recopila desechos y CO2. Tanto la distribución del oxígeno por nuestros tejidos y células como de los nutrientes

Necesidades personales de agua

Dependemos totalmente del agua para vivir y, sin embargo, el cuerpo humano no almacena el agua, por eso la cantidad que perdemos cada día debe restituirse para garantizar el buen funcionamiento del organismo. Al transpirar normalmente gastamos 30 cl de agua al día, de 1 a 1,8 litros se expulsan por la orina y más de 40 cl en el proceso de respirar.

Otra pérdida de agua importante también es a través de la respiración: unos 33 cl, pero esta cantidad es mayor cuando hay un esfuerzo que conduce a un aumento de la respiración. Así, en circunstancias normales, se recomienda beber una media de dos litros de agua diarios. Ahora bien, esa cantidad es preciso adaptarla a casos especiales. Por ejemplo, hay que incrementar el consumo bajo estados febriles, en personas que padecen ciertas dolencias, como acidez de estómago, o que deseen adelgazar, y por supuesto si corremos de manera frecuente.

de las células y la energía se realiza mediante la corriente sanguínea, es decir, gracias al agua, sin tenemos en cuenta que la sangre es agua en más de un 85 por ciento.

Salud de las células. Las células precisan del agua para tener una estructura determinada; tanto es así que podemos decir que este elemento configura la forma de los órganos. En efecto, gracias a que es un elemento no comprimible, el agua contribuye de forma decisiva a dar estructura y forma al cuerpo mediante la rigidez que proporciona a los tejidos. En este sentido, necesitamos una hidratación adecuada para mantener el organismo perfectamente equilibrado.

Hidratación de la piel. La piel es uno de los órganos más necesitados de hidratación. La piel está compuesta por una proporción elevada de agua que le aporta elasticidad, tersura y suavidad. Beber agua en abundancia contribuye a mantener la piel en estado idóneo. Si no tomamos el agua necesaria, la piel se arruga y resquebraja con facilidad y hacen su aparición las arrugas y flaccidez de la piel características del envejecimiento. Además de la piel, el agua contribuye a mejorar el estado de la las uñas y ayuda a que el cabello tenga más brillo. Estas partes del cuerpo están especialmente expuestas a las agresiones externas y la buena hidratación de sus células es la única forma de protección ante el sol, la contaminación, los baños prolongados y el uso exagerado de jabones y esponjas.

Evitar el sobrepeso. El agua suprime el apetito de manera natural y ayuda al cuerpo a metabolizar las grasas acumuladas. En condiciones de falta de agua, los riñones no pueden trabajar de manera correcta y parte de su carga es traspasada al hígado, una de cuyas labores es precisamente metabolizar la grasa acumulada y convertirla en energía útil para el organismo. Si el hígado se carga en exceso, no podrá trabajar en sus plenas facultades y metabolizará menos cantidad de grasa, con la consiguiente acumulación de ésta. Tomar una adecuada cantidad de agua durante el día es incluso el mejor tratamiento contra la retención de líquidos. Cuando el cuerpo necesita menos agua de la que necesita, percibe un riesgo para su supervivencia y empieza a acumularla a modo de reserva. Estos «almacenes» se instalan fuera de las células, por lo que se manifiesta en forma de pies, manos y piernas hinchadas. Si el agua se instala en el sitio erróneo, los riñones necesitan aumentar el consumo de agua para retirar el exceso de líquido mediante un proceso llamado diuresis.

Regulación de la temperatura corporal. El agua regula nuestra temperatura mediante el proceso denominado transpiración: el organismo pierde constantemente agua a través de los poros, y esta agua, al evaporarse, arrastra el calor y disminuye la temperatura corporal. La pérdida de agua por este proceso puede cifrarse entre medio litro y tres cuartos de litro diarios, y si hace calor, acumulamos muchas grasas o realizamos un esfuerzo, la cantidad transpirada es mucho mayor. En los deportistas se registran perdidas de hasta dos o tres litros en periodos inferiores a dos horas. Beber agua fría absorbe calorías del cuerpo mediante una disminución de la temperatura corporal. El cuerpo es una máquina de generar calor y recupera esta pérdida quemando grasa. de este modo —si bien las calorías quemadas son mínimas—, beber agua fría de forma regular ayuda a quemar calorías sin esfuerzo.

Un corredor es, por definición, un «caso especial» en cuanto a sus necesidades de agua, y para él no valen las recomendaciones genéricas acerca de la cantidad de agua que hay que consumir. Estas cifras se alteran drásticamente cuando realizamos ejercicio aeróbico de forma constante, y hemos de cambiar las referencias. El único baremo válido para un corredor será él mismo, pues tendrá que ingerir tanta agua como haya perdido a través de la transpiración.

Una buena manera de determinar nuestro específico «déficit de líquidos» es pesarnos antes y después del ejercicio: los gramos de peso que hayamos perdido equivalen a los mililitros de agua que hemos de «repostar». Para conocer exactamente cuál es nuestra necesidad de agua hay que medir asimismo el agua que hemos bebido. Por ejemplo, si hemos perdido 1,5 kg durante una carrera de entrenamiento de 2 horas, lo que en realidad hemos sudado son 1,5 litros más el líquido que hayamos consumido durante el rodaje.

El peligro de beber demasiado

El eslogan «bebe sin sed», muy útil para recordar que debemos hidratarnos regularmente sin esperar a que el cuerpo nos lo reclame, no debe confundirse con el equivocado «bebe cuanto más mejor». Lo bueno para la salud es tomar el líquido que necesitamos, ni más ni menos, de ahí que sea importante conocer nuestras necesidades de hidratación. En los últimos tiempos se ha insistido tanto en la importancia de la hidratación, que ha surgido una nueva amenaza para el corredor: el peligro de beber demasiado. Un consumo abusivo de agua puede llegar a ser muy perjudicial. Para empezar, puede reducir los niveles de magnesio, y además el exceso de micción que la acompaña puede provocar la eliminación de minerales esenciales, como el potasio, a través de la orina. El déficit de potasio se manifiesta con debilidad muscular, nauseas, vómitos e irritabilidad.

También el positivo papel del agua en la digestión puede cambiar de signo si el consumo es abusivo y se concentra durante las comidas: un suministro deficiente de agua a las células y los tejidos perjudica el aprovechamiento de los alimentos, así como que la ingesta de fibras alimentarias debe ir siempre acompañada de agua para conseguir el objetivo que perseguimos, tanto el de hacer más lenta la absorción de nutrientes, en casos de obesidad o diabetes, como muy especialmente el de favorecer el tránsito intestinal, pues la fibra podría incluso provocar estreñimiento si no se acompaña de agua suficiente.

Una bebida isotónica tiene la misma «osmolaridad» que los fluidos del organismo, es decir, aproximadamente el mismo número de azúcares y electrolitos por 100 ml y por tanto, es absorbida tanto o más rápidamente que el agua.

Pero de entre todos los males que puede ocasionar un consumo excesivo de agua hay uno que sobresale por encima de todos y que pende cual espada de Damocles sobre la cabeza del corredor: la hiponatremia. La realidad que se oculta tras este término es una dilución del volumen plasmático, provocada por una ingesta excesiva de agua, que puede llevarnos a niveles de sodio en sangre anormalmente bajos. Esta afección, bastante rara entre el común de los moratales, no lo es tanto entre los fondistas desinformados que consumen agua de forma sistemática en todas y cada una de las paradas de avituallamiento. Esta actitud, matenida durante cuatro o cinco horas, puede llegar a ser muy peligrosa. El problema surge cuando durante el ejercicio intenso los riñones no pueden excretar el exceso de agua; si el deportista sigue bebiendo, el exceso de agua va diluyendo la sangre y bajan los niveles de sodio y otros electrolitos. El agua que sobra pasa por ósmosis de la sangre a los tejidos, incluso al cerebro. Las células cerebrales, «inundadas» y sin espacio para expandirse, llegan a comprimir estructuras cerebrales que controlan funciones vitales como la respiración.

La solución médica para este cuadro clínico no es complicada, pues aplicando una solución salina por vía intravenosa se facilita la expulsión del agua de las células cerebrales, diminuyendo la compresión del tejido cerebral. El peligro reside si en los centros de urgencia se equivocan y piensan que el afectado esta sufriendo un golpe de calor por deshidratación. En tal caso, al intentar administrar más líquido a nivel intravenoso para recuperar el supuesto líquido perdido, los niveles de sodio seguirían cayendo y podrían llevar al paciente hasta la muerte.

BEBIDAS PARA DEPORTISTAS

En los últimos años al agua le ha salido un competidor: las bebidas para deportistas, que permiten acelerar la recuperación y asimilar mejor el entrenamiento. La razón es que con el sudor no es sólo agua lo que perdemos, y que además el líquido es un vehículo ideal para suministrar el otro carburante que se agota al correr: los carbohidratos. Si nuestro entrenamiento va a incluir un rodaje de más de 30 minutos, es mejor consumir una bebida deportiva, pues los hidratos de carbono y los electrolitos añadidos favorecen la absorción de líquidos.

La bebida ideal tendrá buen sabor, pues estimula la hidratación, y contendrá carbohidratos y cloruro de sodio: los carbohidratos mejorar el rendimiento y el sodio minimiza la deshidratación y mantiene el balance de sodio corporal. Una buena idea es que prepararemos nosotros mismos nuestra bebida deportiva casera. Bastará con mezclar agua mineral rica en sodio y magnesio con zumos de frutas ricos en potasio, en una proporción aproximada de tres cuartas partes de agua por una cuarta parte de zumo. Tómela fría, porque de este modo los líquidos abandonan antes el estómago y volverá a sentirse ligero de inmediato.

Los estiramientos están muy relacionados con las lesiones, para bien y para mal, es decir, pueden ser la mejor medida de prevención o incluso solución, de una lesión, pero pueden ser asimismo su causa. Haga estiramientos varias veces a la semana, pero nunca si existen molestias, pues en tal caso se agrava el problema.

CAPÍTULO 6

Prevenir y curar lesiones

Las lesiones inducidas por el correr pueden darse en distintas zonas, pero con mayor frecuencia afectan a los pies, tobillos, tibias, rodillas, espalda y caderas. Suelen deberse a daños en los huesos o lo cartílagos, o en los tejidos blandos o los músculos. Dicho esto, si conoce cuáles son sus zonas más vulnerables, podrá tomar algunas medidas preventivas. Escuche a su cuerpo cuando tenga pequeñas molestias y dolores, y utilice los siguientes consejos y ejercicios para prevenir una lesión en toda regla.

Si existe un punto débil en su organismo, corriendo lo descubrirá. Los dolores y molestias que pueda sentir en huesos, músculos o articulaciones son indicaciones que debe atender acerca de cuándo y cuánto relajar su entrenamiento. Los movimientos repetitivos y el impacto propios del running fuerzan al cuerpo a enviar señales cuando necesita un poco más de tiempo para restablecerse en una zona concreta, lo que a largo plazo puede ayudar a evitar las lesiones crónicas. Esté atento al dolor más ligero, que es signo precoz de una lesión, y realice un entrenamiento alternativo cuando sea necesario.

MEDIDAS DE PREVENCIÓN DE LESIONES

El hecho de realizar esfuerzos para los que todavía no se está preparado, y que por consiguiente el cuerpo y la mente rechazarán, es uno de los principales peligros que acechan a la persona que se inicia en una actividad deportiva. Una ligera crisis respiratoria, la aparición de pequeñas ampollas o el dolor de un calambre son pequeños problemas fáciles de superar sin la ayuda de un médico. En cambio, es mucho más difícil convencerse de que cierto nivel de rendimiento está fuera de nuestro alcance. Aprender a regular las propias fuerzas es un aspecto más difícil de lo que se suele creer.

Con ello queremos decir que la principal, causa de las lesiones solemos ser nosotros mismos. Lo más importante para evitar lesiones es prevernirlas y, ante el menor síntoma de dolor, observar su evolución y acudir a un especialista que diagnostique la causa. Las molestias y dolores son señales que nos ayudan a mantener la salud. No deberíamos intentar tapar estos dolores con calmantes, que sólo ocultan el dolor sin eliminar su causa. Además de esta norma fundamental, el riesgo de lesión está en relación directa con varios factores, como la calidad del calzado, la superficie del terreno y su relieve o la progresión, intensidad y frecuencia de entrenamiento. Al iniciar un plan de entrenamiento tome las siguientes precauciones:

» Varíe de ruta alternando distintas superficies de entrenamiento.
» Aumente gradualmente la intensidad, duración y kilometraje de su entrenamiento.
» No descuide el entrenamiento de flexibilidad. Haga estiramientos varias veces a la semana, pero nunca si existen molestias pues en tal estirar agrava el problema.
» Caliente siempre antes de realizar cualquier ejercicio y realice enfriamiento antes de descansar.
» Aprovéchese del poder de los masajes terapéuticos.
» Practique la relajación antes de la carrera.
» Realice las modificaciones oportunas en su modo de correr, si es necesario.
» Corra normalmente por superficies blandas y evite el cemento lo máximo posible.
» Evite correr rápido cuesta abajo, pues no obtiene beneficio cardiovascular y en cambio es muy fácil lesionarse.
» Sea muy prudente al entrenar en velocidad, pues es la causa de la mayoría de las lesiones.
» Vista ropa adecuada, siempre transpirable y caliente en épocas frías.
» Controle los aumentos de peso, que destrozan las articulaciones. La frecuencia de lesiones es menor en corredores ligeros.

- Vigile dónde pone los pies, pues muchas lesiones se deben a tropiezos en superficies irregulares.
- Evite correr con zapatillas demasiado usadas, con deficiente amortiguación.
- Tómese muy en serio los días de descanso.
- Realice entrenamientos cruzados una o dos veces por semana.
- Haga ejercicios de fortalecimiento, en especial de los músculos de las piernas.
- Respete el proceso de recuperación de cualquier lesión, por leve que sea, y no olvide que la función del vendaje no es permitir la carrera, sino curar la lesión.
- Entrene después de haber puesto la máquina corporal en marcha, el porcentaje de lesiones es más elevado a primera hora de la mañana.
- Aprenda a escuchar a su cuerpo y deje de correr o entrenar cuando el cuerpo le diga «basta».

IDENTIFICAR LESIONES

Aunque respetemos las medidas de prevención relacionadas, igualmente podemos lesionarnos. En tal caso la actuación correcta es intentar identificar la lesión cuanto antes y tratarla de inmediato. Cualquier pinchazo, dolor u hormigueo puede ser síntoma de que algo no funciona. Cuando algo duele, hemos de averiguar si estamos ante una molestia pasajera o una lesión real. La mayoría de

Por lo general, las lesiones de tendones y ligamentos responden muy bien al frío; y por el contrario, las lesiones de músculos responden al calor. Por lo tanto, para tratar un esguince los cinco primeros días es recomendable el frío y las cremas tipo gel, mientras que pasados los primeros días podremos aplicar calor.

las molestias y dolores que aparecen durante el ejercicio desaparecerán antes de un par de minutos. Si el dolor llega durante un entrenamiento, camine muy suavemente durante dos minutos más y después vuelva lentamente a su ritmo; pero interrumpa el entrenamiento si el dolor reaparece después de repetir esto cuatro o cinco veces.

Si persiste el dolor al caminar, trate de caminar durante un minuto con un paso muy corto. Si pasado el minuto todavía le duele, siéntese durante tres o cuatro minutos y masajee la zona dolorida. Si cuando intente caminar de nuevo todavía le molesta significa que es todo por hoy y se acabó el entrenamiento. La molestia tendrá aspecto de lesión si la zona dolorida está inflamada, si existe pérdida de función y si el dolor no remite o incluso empeora.

Después de cancelar el entrenamiento, la primera medida si hay hinchazón será aplicar hielo durante 20 minutos cuatro veces al día, para reducirla. Examine la lesión más detenidamente. Lo más probable es que no tenga nada que ver con las lesiones que vamos a relacionar a continuación y que la tercera vez que aplique hielo a la parte afectada el dolor haya desaparecido. Si el dolor persiste vaya al médico. No tome ninguna medicación sin prescripción del médico y siga su consejo.

El tirón muscular

Con el nombre de tirón nos referimos tanto a una lesión leve del músculo, como puede ser la elogación, como a una lesión severa, tipo desgarro o distensión, que supone una rotura de fibras musculares. Los músculos rígidos, sin calentamiento y estiramientos, son más propensos a sufrir este tipo de lesiones. Aunque son menos graves que una lesión ósea, las distensiones musculares pueden ser muy dolorosas y necesitar hasta seis semanas de reposo. El síntoma principal es un dolor en la zona afectada, que puede ser leve o incluso como una corriente que impide seguir corriendo.

Si siente una ligera tensión o molestia, que no llega a ser dolor, tome medidas preventivas, para evitar una lesión en toda regla: reducir ritmo y duración del entrenamiento, completarlo con entrenamiento cruzado de bajo impacto, como natación o ciclismo, y practicar ejercicios de estiramiento y fortalecimiento. Si lo que sobreviene es un tirón doloroso, la primera medida es dejar de correr y aplicar hielo para reducir la inflamación. Después de dos o tres días, aplique calor, y si el dolor desaparece puede comenzar de nuevo a entrenar. Si persiste el dolor debe acudir a un especialista (preferiblemente de medicina deportiva, porque en caso contrario lo más probable es que para curarse en salud le aconseje que abandone el running sin darle más opciones).

Hay diferentes tests para valorar el estado de la musculatura posterior del muslo, pero todos se basan en medir la facilidad para llegar con las manos a los pies sin flexionar las rodillas. Si nos quedamos a más de 15 cm, podemos tener un problema de isquiotibiales.

Ante una crisis por hipertermia o golpe de calor, hay que proceder a reducir la temperatura corporal del corredor afectado lo más rápidamente posible: hay que quitarle la ropa, rociar su cuerpo con agua fría y dejar que le dé el aire fresco.

La temida «pájara»

Tenemos dos rutas metabólicas para proveernos de energía, la de la hidrólisis del glucógeno y la de los ácidos grasos. La proporción de energía obtenida por una ruta u otra depende de la intensidad del ejercicio. Durante el ejercicio aeróbico, el glucógeno se rompe para producir glucosa, pero cuando éste escasea, el tejido adiposo empieza a descomponerse proporcionando energía durante cierto tiempo, y liberando unos subproductos, las cetonas, que causan fatigaEste último es un proceso lento, y va acompañado de una disminución acusada, agónica, en el rendimiento. Al cambio de suministro de energía recién descrito se le conoce mejor por el terrible nombre de «pájara».

Al correr gastamos el glucógeno almacenado en el hígado y en los músculos de las piernas, y sólo una pequeña parte de los hidratos consumidos proceden de la glucosa que circula por la sangre. Para evitar que nos visite la pájara, la primera medida que hay que tomar es llegar al entrenamiento o la carrera con los nuestros depósitos de combustible, o sea de glucógeno, repletos. Para ello debemos haber tomado la cantidad oportuna de hidratos de carbono complejos, que liberarán su energía lentamente conforme la vayamos necesitando. Pero sucede que esos depósitos donde almacenamos el glucógeno tienen un límite, de modo que es muy probable que se agoten en algún momento a lo largo de un largo periodo de trabajo extenuante. Hablando de la maratón, ese punto crítico en el que nos quedamos sin energía se sitúa entre los kilómetros 26 y 32.

Así las cosas, si el reto que tenemos por delante nos va a suponer más de tres horas de esfuerzo, como en una maratón, a no ser que nuestra capacidad de almacenamiento de glucógeno en los músculos de las piernas sea muy elevada, el carburante no nos llegará hasta el final, y no tendremos más remedio que repostar por el camino.

Cuando la pérdida por el sudor es muy grande, en carreras de horas, podemos perder 2 o 3 litros de agua. Pero durante el esfuerzo también perdemos glucosa, sodio y potasio, por lo que además de hidratarnos, conviene tomar glucosa.

Pero atención al tipo de carburante: existe una idea bastante extendida de que el consumo de azúcares de asimilación rápida, que en circunstancias normales nos pueden aportar un plus de energía y competitividad, sirven tambien para evitar la parición de la pájara. Sin embargo, lo cierto es que en situación de extenuación extrema, con los depósitos de glucógeno casi vacíos, una ingestión directa de glucosa o similar, ya sea disuleta en agua ya como ampollas o geles de carbohidratos de asimilación rápida, puede resultar muy contraproducente. La razón es que al ingerir una sustancia con un índice glucémico alto en un momento en que nuestras reservas de carbohidratos están a punto de agotarse, el organismo detecta un incremento demasiado brusco de la glucosa sanguínea y como respuesta segrega insulina para contrarrestar y reequilibrar los niveles de glucosa. Esta subida de insulina, igualmente brusca, provoca un efecto rebote, que disminuye los niveles de glucosa en la sangre y nos lleva directos a un estado de desfallecimiento muy similar al que pretendíamos conjurar.

El mejor remedio contra la pájara, además del platazo de pasta integral que nos hemos comido la noche anterior, es tomar durante la carrera bebidas isotónicas con una baja concentración de carbohidratos de asimilación lenta.

Los calambres

El calambre es una contractura prolongada y dolorosa del músculo que está provocada por un desequilibrio salino en el organismo. Por lo general es el resultado de la unión de la fatiga y el calor. Para superar el calambre estire el músculo afectado y reanude la actividad suavemente. Aunque es doloroso, una vez superado no deja secuelas. Para prevenirlos, realice un calentamiento más largo y suave, acorte la distancia y la velocidad en días calurosos o húmedos, tome una tableta de sales al comienzo del ejercicio, y acorte la zancada en las cuestas.

Repertorio de lesiones y remedios

LESIONES DE PIE

Con frecuencia nos preocupamos más por la salud de nuestras piernas o por nuestra capacidad aeróbica y anaeróbica, olvidando que la parte más importante y más sensible del cuerpo de un corredor son los pies. Los dolores en el arco plantar, en el talón o en los dedos pueden complicar mucho nuestros objetivos si no tomamos las medidas oportunas. Agarrar canicas con los dedos de los pies es un gran ejercicio que fortalecerá todo su pie; practíquelo a diario con cada pie durante unos cinco minutos, y ejercitará los músculos de sus dedos y sus arcos plantares. Otro sencillo ejercicio consiste en sentarse en una silla y rodar su arco plantar sobre una pelota de tenis. Si lo practica a diario durante unos pocos minutos con cada pie relajará los músculos del pie, permitiendo que los arcos plantares se estiren sin someterlos a tensiones.

Fascitis plantar

La fascitis plantar es la más común de las lesiones del pie en un corredor. La parte dañada es un tejido blando llamado fascia, que forma el arco del pie y que conecta el talón con los dedos del pie. Esta faja plantar es una tira de tejidos fibrosos, no elástica y resistente, que recorre la planta del pie desde la parte anterior del talón hasta la punta, sujetando a los dedos. Es una zona con muy poco riego sanguíneo que además puede verse fácilmente sometida a una tensión excesiva por el movimiento repetitivo del correr.
La fascitis plantar sucede cuando este tejido blando se inflama, distiende o desgarra en casos extremos. Las causas pueden ser numerosas: llevar un calzado incorrecto, correr sobre superficies duras o en terrenos accidentados, sobre todo en pendientes, estar mucho tiempo de pie, problemas de arco de pie (tanto los pies planos como su contrario los arcos del pie altos que son débiles y se «hunden») o falta de elasticidad de los músculos gemelos. Para prevenir la fascitis puede realizar el siguiente ejercicio: Como síntoma tenemos un dolor localizado bajo el talón, que se acentúa al levantarse por la mañana y al ponerse de pie después de estar un rato sentados. La acción de levantar los dedos del pie también aumenta el dolor. El dolor se percibe con la palpación de la bóveda plantar, pero se va centrando en el talón y la zona delantera del hueso calcáneo, con gran sensibilidad a la presión.
Hay diferentes posibilidades de tratamiento. Para aliviar el dolor de la fascitis plantar, ante el primer signo de sensibilidad, masajee a diario la zona afectada durante cinco minutos con la yema de sus pulgares. Este masaje ayudará a prevenir la formación de espolones en el talón. Si el dolor es moderado, deje de correr, tómese una aspirina o ibuprofeno al día y coloque hielo en la zona afectada durante 20 minutos al día. Cuando el dolor haya desaparecido, estire los músculos de la pantorrilla cuatro veces al día. Estire la fascia agarrando los dedos del pie con una toalla. Es aconsejable colocar una especie de venda que atenúe la presión en el lugar dolorido. Se puede utilizar también un soporte plantar para el arco longitudinal del pie, y una aplicación de hielo durante diez minutos después de la carrera seguida de un programa de flexibilidad de los músculos de la pantorrilla.
Si el dolor persiste o aumenta, debe recibir atención médica. Puede convertirse en una verdadera pesadilla para el corredor, pues la lesión requerirá un reposo absoluto e inmediato de dos a seis semanas y las lesiones más serias pueden exigir dejar de correr hasta seis meses o un año. En estos casos puede realizar actividades aeróbicas alternativas de bajo impacto para mantenerse en forma y desarrollar el sistema cardiaco, circulatorio y respiratorio, como el ciclismo o la natación.

Espolones en el talón

Los síntomas de esta lesión son muy similares a los asociados con la fascitis plantar: dolor en el arco plantar, aunque en el caso de los espolones el dolor se centra más en el propio talón. Los espolones en el talón se forman cuando el traumatismo provoca que la fascia se desgarre: las pequeñas gotas de sangre provenientes del tejido desgarrado pasan a formar parte del calcáneo (hueso del talón). En realidad los espolones resultantes son formaciones de hueso nuevo, que parecen pequeños nudos. Pueden provocar un gran dolor en el tejido circundante cuando el pie contacta con el suelo. Para reducir la hinchazón, aplique hielo envuelto en un paño sobre la zona afectada durante diez minutos cada vez. También puede usar plantillas que absorban los impactos o plantillas ortopédicas que den apoyo a su arco plantar, previniendo así pequeñas fisuras en la fascia. Si son extremadamente dolorosos, quizá haya que extraerlos quirúrgicamente. Tres consejos para prevenir esta lesión: estiramientos preventivos, masajes y calzado adecuado que le proporcione un buen apoyo al arco plantar. Los estiramientos ayudan a que el tejido de los arcos se mantenga flexible. Para evitar la fascitis y los espolones, realice este estiramiento a diario: cruce una pierna sobre la otra, coja, la parte delantera del pie y tire suavemente hacia usted; mantenga esta postura durante medio minuto; luego repose, y cambie de pie y repita dos veces con cada pie. El masaje ayuda a aliviar la fascitis plantar, al tiempo que evita la formación de espolones en el talón.

Fracturas por stress

Los tejidos dañados son los huesos del 2.°, 3.° y 4.° metatarsos y a veces la cabeza del 5.° metatarso, es decir los huesos del centro del pie. Son delgados y largos y ceden bajo la absorción repetida de los golpes. Las principales causas son el aumento demasiado rápido de la velocidad de entrenamiento y la distancia recorrida, el cambio de superficie de entrenamiento, e incluso la utilización de un calzado inadecuado (por ejemplo, el grado insuficiente de absorción de la suela). El dolor es sensible a la presión y a la carga y está localizado en la parte superior del pie, directamente sobre uno de los metatarsos. El tratamiento consiste, en una primera fase, en la total suspensión de la carrera. Después se aplica un vendaje que se cubre con un protector o de escayola y se prescriben unos ejercicios físicos para mantener las cualidades musculares. Al mismo tiempo es recomendable hacer ciclismo y natación para impedir una disminución del rendimiento de las funciones del sistema cardiovascular. Por fin, en una fase final, se permite la vuelta gradual al entrenamiento, en el momento en que desaparece el dolor.

Juanetes

Los juanetes son un crecimiento óseo extra en el pie, molesto y dolroso. El origen de estas malformaciones de los pies es hereditario, pero pueden verse agravadas por un entrenamiento demasiado intenso o excesivo, por un calzado que aprieta o un mal plantado de pie. Como síntoma una bolsa en la parte interna del pie, normalmente a la altura de la articulación metatarso-falangiana, es decir, del dedo gordo, aunque el mismo fenómeno puede producirse en el dedo meñique. La inflamación va acompañada de un enrojecimiento y provoca dolor cuando el pie es sometido a presión. El tratamiento base consiste en colocar un soporte entre el 1.° y 2.° dedos a fin de separarlos (la misma técnica para los 4.° y 5° dedos). Puede aplicarse un vendaje almohadillado para disminuir la presión sobre la bolsa irritada. La aplicación de hielo y los tratamientos usuales de fisioterapia contribuyen a acelerar el proceso de curación. En los casos más graves, será necesario un tratamiento médico por infiltración o por cirugía, por infiltración o por cirugía.

Ampollas

La aparición de ampollas, normalmente en los dedos, es uno de los problemas más comunes. Son bolsitas de la epidermis en cuyo interior hay un líquido seroso, que en los casos peores adopta un color rojizo por la sangre. Salen como consecuencia del roce de la piel con plantillas o calcetines irritantes, por una presión excesiva de la zapatilla o por una malformación de los pies. También favorecen su aparición los entrenamientos intensivos, una mala técnica o correr sobre una superficie caliente. La cura es simple: aplicar un apósito específico protege la zona y favorece la reabsorción del líquido. Si la piel se ha roto, hay que desinfectar la zona. Durante un par de días el área afectada debe protegerse para evitar posteriores roces, y es preferible ponerse calzado cómodo para ir al trabajo. Pero el tratamiento más eficaz contra las ampollas es evidentemente su prevención, para ello damos los consejos siguientes: calce unas zapatillas bien ventiladas; endurezca la piel de los pies aplicando alcohol o tintura de benjuí antes de la carrera; lleve calcetines dobles o dos pares de calcetines secos y aplique vaselina alrededor de los dedos y en los lugares de fricción importantes: trate de mantener los pie secos; calce progresivamente las zapatillas nuevas; si tiene alguna debilidad o malformación, aplique una protección especial en los lugares vulnerables.

Tendinitis del pie

Los tendones son tejidos conectivos que nacen de los músculos y se agarran al hueso, cruzando la articulación. De este modo, cuando el músculo se contrae, el tendón ejerce una tracción sobre el hueso y la articulación se mueve La tendinitis puede deberse a un sobreentrenamiento o incluso un precalentamiento excesivo, a la insuficiencia de flexibilidad articular-muscular o al uso de un calzado inadecuado. Los síntomas son un dolor se extiende a lo largo de los tendones y aumenta cuando el músculo entra en acción. En las tendinitis del pie más frecuentes este dolor se localiza en la parte superior del pie o bien en la parte interna del mismo, pero existen muchos tendones en el pie por lo que las zonas doloridas pueden ser numerosas.

El primer tratamiento consiste en disminuir la intensidad del entrenamiento y en aplicar hielo durante diez minutos al final de cada sesión de entrenamiento. También puede recurrir a baños a presión o medicación oral antiinflamatoria. Si la lesión persiste o se agrava, visite al médico y siga un tratamiento de fisioterapia, con electroterapia o ultrasonoterapia. La tendinitis perseverante puede suponer la suspensión total de la práctica del running. Durante una tendinitis grave, todos los tejidos que rodean el tendón y en los cuales éste se desliza, se secan y se pegan al tendón; se produce entonces una tenosinovitis.

Metatarsalgia

La metatarsalgia es el dolor e inflamación que se produce en una parte del pie conocido como el metatarso. Es un término algo vago, pues concierne a todos los tejidos blandos (ligamentos, músculos y tendones) de la parte anterior del pie. Sus causas son las mismas que las de las tendinitis. En cuanto a sus síntomas, es difícil localizar correctamente esta lesión. El dolor produce una sensación de calor intenso, como el de una quemadura. Se hace sentir durante la carrera y persiste durante varias horas después del entrenamiento. El tratamiento es simple si la lesión es ligera. Basta con aplicar hielo en la zona dolorida durante diez minutos. En cambio, si la lesión persiste, la suspensión de la carrera se hace imperativa y será reemplazada por otra actividad en la que el elemento «golpe» sea inexistente a nivel de los miembros inferiores. Para acelerar el proceso de curación son recomendables los tratamientos habituales de fisioterapia.

LESIONES DE TOBILLO

Bursitis del tendón de Aquiles

Es la inflamación de la bursa, el líquido encargado de lubricar la articulación y proporcionar cierta amortiguación. La bursa se encuentra entre el hueso del tobillo y el tendón de Aquiles. Las bolsas tienen por función impedir el roce de dos estructuras, como por ejemplo un músculo y un tendón. Cuando estas bolsas se inflaman e irritan duelen agudamente causando una forma de bursitis. El síntoma de una bursitis es un dolor localizado a cada lado del tendón, justo encima de su inserción en el talón. La inflamación tiene un tono rojizo, nos duele mucho al correr o andar y cuando caminamos descalzos los síntomas se atenúan. Las causas de esta lesión son los mismas que las descritas para la tendinitis en el tendón de Aquiles. Como tratamiento se recomienda mucho hielo, nada de cuestas, antiinflamatorios si es necesario y superficies suaves donde trotar.

Tendinitis del tendón de Aquiles

En esta lesión el tejido afectado es el tendón fuerte situado en la parte posterior del talón, que une los músculos que hacen estirar el pie hacia abajo, es decir, los gemelos y el soleo comúnmente llamados pantorrilla. La tendinitis del tendón de Aquiles es una lesión muy frecuente entre quienes corremos, que puede tener su origen en un estiramiento brusco o precedido de un calentamiento insuficiente, por correr de forma habitual sobre superficies duras o por aumentar excesivamente rápido de la intensidad del entrenamiento. En cuanto a los síntomas de la tendinitis vinculada al tendón de Aquiles, el dolor puede dejarse sentir a lo largo de todo el tendón de la extremidad del músculo a la inserción del talón. Si hacemos unos ligeros movimientos de arriba hacia abajo con el pie y aplicamos los dedos a cada lado del tendón, notaremos una fricción en el interior de la envoltura del tendón.
El tratamiento varía según la gravedad de esta dolencia. Si sólo le incomoda un dolor ligero, modere el entrenamiento y al finalizar tome antiinflamatorios y aplique hielo a la zona cuatro veces al día durante 20 minutos. Por otro lado, llevar zapatos de tacón bajo aumenta la amplitud de movimiento de flexión del tobillo y eleva la tensión en el tendón, así que pruebe a elevar el talón de la zapatilla en una altura aproximada de 1 cm. Cuando el dolor haya desaparecido, estire los músculos de la pantorrilla. También es muy importante el calentamiento.
Si la tendinitis es muy persistente y el dolor es muy fuerte debe suspenderse el entrenamiento al menos 10 días. Si el dolor persiste o se intensifica, guarde reposo algunos días con tratamiento de fisioterapia. Los casos graves requieren cirugía. Si el problema se debe a una mala alineación de los miembros inferiores, un podólogo podrá corregirlo.

Tendinitis del tibial posterior

El tendón tibial posterior nace en la parte posterior interna de la pierna, pasa por debajo del maléolo interno (extremidad inferior de la tibia del lado interno) y se une al pie. Su inflamación es una lesión muy corriente en el corredor.
Entre las causas más probables está el correr siempre en la misma dirección de una pista o en el arcén de la carretera. Correr con los pies en eversión (es decir, pronando hacia el exterior) eleva el riesgo de padecer esta dicha lesión. Los síntomas con un dolor y el hinchazón que se sitúan detrás del maléolo interno y corren a lo largo de todo el borde posterior e interno de la tibia. Por arriba esta tendinitis es dolorosa en la parte anterior del sóleo y en la del gemelo interno, y también duele al estirar gemelos flexionando el pie hacia la pierna. Cuando el dolor se concentra en la parte interna del pie, bajo el tobillo o en el mismo canto, llegando incluso a la fascia plantar, se puede confundir con la una tendinitis del tendón de Aquiles o con una con la fascitis plantar. El dolor es muy agudo después de una larga carrera sobre una superficie irregular o inclinada. Una presión con la punta de los dedos aumenta el dolor al que da lugar el movimiento del pie hacia el interior contra una resistencia. Los cuidados son de la misma naturaleza que los indicados para las tendinitis del talón de Aquiles. Responde muy bien al estiramiento suave, siempre que se haga correctamente, por ello se recomienda que tras el entrenamiento no falten los estiramientos de los tibiales anterior y posterior. Si la lesión está causada por una malformación del pie, consulte con un podólogo.

Luxación de los tendones peroneos

Los tendones peroneos son los que pasan por detrás del maléolo externo, es decir, la extremidad inferior del peroné del lado externo. La lesión más importante que afecta a estos tendones es la luxación o el desplazamiento de los tendones de su sitio, que afortunadamente es poco frecuente. Se observa tras un traumatismo directo o una torcedura brusca de tobillo, metiendo el pie hacia adentro. Para verificar si permanecen en su sitio, hay que contraer bien los músculos peroneos, haciendo fuerza para dirigir el pie hacia el exterior. Según el grado de desplazamiento pueden dar origen a distintas lesiones. Si el desplazamiento es ligero, puede causar una tendinitis del tibial posterior; si la luxación es completa y reincidente, habrá que recurrir a una intervención quirúrgica seguida de un período de reeducación intensiva.

Esguince de tobillo

Un esguince es una lesión en alguna de las fibras de un ligamento sin llegar a su rotura. Hablamos de esguince de tobillo cuando los tejidos dañados son los ligamentos que sostienen la articulación del tobillo. La mayoría de los esguinces se sitúan en el lado externo. Esta lesión sucede cuando el tobillo, ya sea por dar un mal paso o pisar una piedra, por un apoyo incorrecto del pie o por un exceso de exigencia sin calentamiento, se ve forzado más allá de su capacidad de estiramiento y como consecuencia de ello los ligamentos ceden. Entonces se produce un desgarro o una distensión del ligamento, el tejido elástico que une nuestros músculos con los huesos.

La fatiga y la inestabilidad articular general son factores que predisponen a este traumatismo. También ayuda el hecho de entrenar de noche, si no hay suficiente luz para saber dónde ponemos los pies, o sobre terreno de superficies accidentadas. Si las torceduras de tobillo son frecuentes pueden tener su origen en unos tobillos débiles. En tal caso puede corregirse con ejercicios para su fortalecimiento. Potencie sus tobillos con el siguiente ejercicio: busque un bordillo donde sostener el peso de su cuerpo sobre la punta del pie y rebote lentamente para reforzar tus tobillos.

Los síntomas varían según la gravedad del esguince. Si nota un pequeño tirón, normalmente acompañado del característico sonido de la rotura parcial del ligamento, es que ha tenido un esguince. Puede aparecer un vivo dolor y el soporte de una carga se hace insoportable, en seguida aparece hinchazón, adecuada a la severidad del esguince. Es muy fácil descubrir la zona dañada mediante una simple presión con la ayuda de los dedos.

El tratamiento depende de la gravedad de la lesión. Si se trata de un simple estiramiento del ligamento, con hinchazón poco pronunciada y un ligero dolor con la presión y el movimiento de inversión (el pie hacia el interior), el esguince se trata aplicando hielo durante diez minutos varias veces al día, durante un período de 48 horas. Después se cubre el tobillo con una venda compresiva durante 4 o 5 días. Pero puede suceder que el esguince sea severo, lo que se manifiesta con una hinchazón importante, seguida de un dolor intenso, sensible a la presión y al movimiento de inversión, así como una gran dificultad al caminar. Aparece una coloración azulada bajo el maléolo externo siguiendo todo el borde del pie hasta los dedos. En estos casos se habrá producido una rasgadura parcial o completa de uno o varios ligamento, por lo que será urgente consultar y recibir tratamientos apropiados, previa radiografía para diagnosticar el alcance la lesión. Lo primero que debe hacerse en caso de torcedura del tobillo, antes de acudir al traumatólogo, es poner hielo en la zona afectada, ya que el frío provoca una vasoconstricción que contiene la inflamación derivada de la rotura fibrilar. Generalmente la lesión se resuelve con unos días de reposo, pero según la gravedad requiere inmovilización mediante un vendaje compresivo, elevación de la pierna y empleo de muletas. Los tratamientos intensivos de fisioterapia, seguidos de una recuperación-física progresiva, son objeto de una prescripción esencial. Para un esguince moderadamente severo, la carrera puede reanudarse después de 15 días aproximadamente. En los casos graves la reanudación del entrenamiento no podrá hacerse hasta pasadas cuatro o cinco semanas.

LESIONES DE PIERNA Y MUSLO

Periostitis

La periostitis es la inflamación del periostio o membrana que recubre el hueso de la tibia. Viene a ser como la epidermis del hueso, su capa más superficial. El lugar de mayor afectación es la cara anterointerna de la tibia, principalmente en el tercio inferior, aunque puede extenderse más arriba, casi hasta la rodilla. Normalmente esta inflamación del periosto va vinculada la inflamación de la parte posterior de la pierna y de su tendón.

Es una lesión muy típica de los corredores, principalmente de fondo. Todo y ser una lesión muy común entre los corredores, sus causa exacta no está clara, aunque sin duda está relacionada con las continuas vibraciones que recibe el periostio por el impacto persistente de los pies contra el suelo en este deporte. Los factores que predisponen a sufrirla son el sobreesfuerzo, ya sea por un incremento brusco en la distancia o en la intensidad del entrenamiento, la falta de flexibilidad a la altura del tobillo, una mala amortiguación en el calzado, correr por superficies duras o la pronación excesiva de la pisada.

Puede ayudarle a prevenir la periostitis el siguiente ejercicio de estiramiento y relajación de los músculos contraídos de la espinilla. Póngase de rodillas, sobre una superficie blanda como una alfombra o una esterilla, y con las manos sobre los muslos. Sus pies deben estar colocados a ambos lados de su cuerpo, y la parte delantera de sus tibias plana, sobre la esterilla. Siéntese hacia atrás, entre sus talones, y mantenga esta postura unos 15 segundos. Relájese y repita cinco veces.

Como primer síntoma se percibe un dolor difuso durante el entrenamiento, ya sea en una sola pierna o en las dos. Al presionar los dedos en el lado interno, en el tercio inferior de la tibia, el dolor se intensifica. Hay diferentes métodos de recuperación, entre los que se encuentran: el reposo, la aplicación de hielo local después de cada sesión de entrenamiento, la corrección de la pisada con prótesis plantares, vendajes o mallas de sujección para limitar las vibraciones, antinflamatorios, ejercicios de flexibilidad sobre todo a la altura de las pantorrillas y el refuerzo de la musculatura del tibial anterior. Si no se trata, puede producir fracturas de fatiga en la tibia. Si la lesión persiste, se deberá dedicar a otra actividad deportiva.

Síndrome de las zonas anterior y lateral

Puede ser que tras realizar un entrenamiento muy intensos notemos un dolor agudo en la parte anterior o lateral de la pierna, con hinchazón y endurecimiento. Acompañando a este dolor se da una disminución de la sensibilidad superficial. Además, este síndrome incluye dolor al doblar los dedos y dificultad al estirar el pie y los dedos hacia arriba. La causa de este lesión es una debilidad muscular. La cojera intermitente está ligada a un problema de calambres dolorosos después del ejercicio. Cuando estos calambres se apaciguan mediante un periodo de reposo, vuelven a aparecer con la vuelta al entrenamiento. El porcentaje de curación de este síndrome es muy bajo, a pesar de la diversidad de tratamientos utilizados. En muchos casos es preciso acudir a la cirugía antes de reanudar el entrenamiento normalmente.

Fracturas de stress

Entre las fracturas de stress en los corredores la tibia ocupa, junto con el peroné, un lugar destacado. Las causas son las mismas que en las fracturas de stress del pie: un aumento brusco del ritmo o intensidad del entrenamiento, el cambio de superficie hacia un terreno más duro e irregular o incluso el cambio de zapatillas. La sintomatología es clara: un dolor local y muy intenso en la zona de la tibia afectada. Los tratamientos y recomendaciones son los mismos que para las fracturas del stress del pie. Además, un programa de entrenamiento adaptado .a su condición física, una buena técnica de carrera y un equipo apropiado son excelentes medios para evitar este tipo de lesiones.

Distensión de isquiotibiales

Los músculos isquiotibiales son un grupo de tres músculos (semimembranoso, semitendinoso y bíceps femoral) que conforman gran parte de la musculatura de la parte posterior de la pierna. Como su nombre indica, se originan en el hueso isquion de la pelvis y tienen una inserción común en la tibia. Son los músculos situados que hacen doblar la rodilla y extender la cadera. En el corredor de larga distancia, estos músculos se refuerzan por una acción de flexión, y este refuerzo se hace a veces en detrimento de la flexibilidad, a menos que no haya ejercicios que contribuyan al desarrollo de la amplitud articular-muscular. La lesión es más frecuente entre los corredores que practican la velocidad (todos tenemos grabada la imagen de un velocista echándose la mano a la parte posterior del muslo en pleno esfuerzo), mientras que los fondistas se hacen más vulnerables a los tirones de isquiotibiales al principio o al final de la carrera. Como síntoma tenemos un dolor que puede aparecer súbitamente bajo forma de calambre o progresivamente en un punto preciso, detrás del muslo. Si el dolor es ligero, basta con aplicar hielo, un vendaje compresivo, un buen precalentamiento y un cambio temporal de actividad deportiva. Si el dolor persiste o aumenta, se recomienda un tratamiento bajo el cuidado de un fisioterapeuta. Para valorar el estado de la musculatura posterior del muslo, compruebe su grado de facilidad o dificultad para llegar con las manos a los pies sin flexionar las rodillas: si llega a los pies o a 4 o 5 cm del suelo después de hacer ejercicio se considera normal, si la distancia al suelo es superior puede ser síndrome de isquiotibiales cortos y requerir tratamiento.

LESIONES DE RODILLA

Condromalacia

Denominamos condromalacia al desgaste del cartílago situado debajo de la rótula. Este desgaste produce irritación, dolor e inflamación y es la causa más frecuente de los dolores de rodilla en el corredor. El cartílago dañado se vuelve más blando y a veces incluso se pulveriza.

La causa habitual es una malformación de los miembros inferiores que conlleva una tensión anormal por mala alineación sobre una parte de la rótula. Es el llamado síndrome de mala alineación de las estructuras articulares, que se produce cuando hay exceso de fuerzas laterales cuyos vectores llevan a semiluxación de la rótula y el consecuente desgaste precoz del cartílago. Con el entrenamiento aumenta esta tensión y surgen entonces una serie de fricciones sobre la rótula, a la altura del canal del fémur, en el centro de la extremidad inferior del fémur. El mal alineamiento y la mala mecánica de carrera con desalineación de la rodilla puede estar asimismo causado por desvíos o acortamientos estructurales en extremidades inferiores, por bloqueos pélvicos o por isquiotibiales cortos, pero también por el empleo continuado de zapatillas gastadas sobre terrenos inclinados, con una técnica incorrecta de pronación anormalmente aumentada.

Los síntomas son dolor dentro de la rótula o en los laterales, que se agudiza al correr por una carretera o pista en cuesta, y cuando se suben las escaleras. En los casos más graves, puede sentir un crujido al rozar la zona dura del cartílago con el cartílago cuando la rodilla está flexionada, con dolor cuando estamos sentados. Puede aparecer también una hinchazón en las rodillas después de la carrera, e incluso sensación de entorpecimiento. Los dolores se acentúan una o dos horas después de la carrera. El dolor se sitúa bajo la rótula y en sus alrededores.

Si el dolor es ligero, basta en un primer momento con disminuir la duración y la frecuencia de las sesiones de entrenamiento, y en un segundo momento con frotar regularmente la región dolorida con hielo, cuatro veces al día durante 20 minutos. Tómese una aspirina o ibuprofeno. Cuando el dolor haya desaparecido, estire y refuerce el cuádriceps. Sin embargo, este tratamiento no será siempre suficiente. En ese caso se trata de suspender completamente el entrenamiento y seguir unos tratamientos de fisioterapia.

Se adoptará un programa de ejercicios físicos que permitan reforzar la región interna de los cuádriceps y los flexores de la pierna.

No obstante, dado que la condromalacia tiene su origen en una malformación de las estructuras del esqueleto, es obligado tomar medidas de prevención acudiendo al podólogo o a un ortopedista a fin de corregir la desviación de los miembros inferiores.

Muy similar a la condromalacia es el síndrome de compresión rotuliana, un lesión que sólo se diferencia por la ausencia de anormalidad a nivel del cartílago, y para cuyo tratamiento se aplica integralmente el mismo enfoque terapéutico y las mismas recomendaciones que para la condromalacia.

Tendinitis en las rodillas

Con el nombre vago de tendinitis de rodilla suelen englobarse varias dolencias relacionadas con la inflamación de los tendones que cruzan la rodilla. Las tendinitis en las rodillas son muy frecuentes y la mayoría de los corredores sufrirán algún tipo de incomodidad en las mismas en algún momento durante los años de práctica este deporte. Para la prevención de las tendinitis se recomiendan estiramientos diarios antes y después del ejercicio, así como tratamiento inmediato ante el menor síntoma.

Los tendones que se inflaman con más frecuencia en la rodilla son el tendón rotuliano, el tendón del cuádriceps, los tendones poplíteos y el tendón de la pata de ganso, causando sus correspondientes y específicas tendinitis.

La tendinitis del tendón rotuliano es la inflamación del tendón que une la rótula con la tibia. Se trata de una faja estrecha que se encuentra pegada a la rótula y a la extremidad superior de la tibia. El síntoma de esta lesión es un dolor en la cara anterior de la rodilla, justo debajo de la rótula, a cada lado del tendón.

La simple extensión de la rodilla frente a una pequeña resistencia despierta el dolor. Puede incluso que el tendón sufra una inflamación, que se puede apreciar cuando se hinchan las regiones huecas de cada lado del tendón. Las causas son las mismas que las de la mayoría de las tendinitis en las rodillas: el aumento demasiado rápido de la intensidad o del volumen del entrenamiento, la alineación anormal de los miembros inferiores, el llevar calzado inadecuado y la práctica de la carrera en superficies accidentadas.

A esta lesión se la conoce también como «rodilla del saltador» porque afecta especialmente a los deportistas que realizan saltos o carreras rápidas.

La tendinitis del tendón del cuádriceps afecta también al tendón rotuliano que une la rótula con la tibia, pero situado encima de la rótula. Así pues el dolor, y la posible inflamación, lo percibiremos justo encima de la rótula, no debajo como la tendinitis rotuliana.

El poplíteo es un pequeño músculo situado detrás de la rodilla. Su tendón está en la cara externa de la rodilla, cerca de la interlínea articular. El dolor se siente cuando existe movimiento de rotación hacia el interior de la tibia, cargando todo el peso en la pierna.

En cuanto al tratamiento de las tendinitis de rodilla, si la lesión es reciente y el dolor es ligero, hay que buscar la causa y corregirla, y a continuación iniciar un tratamiento con hielo. Si el dolor es constante o se intensifica, debemos recurrir a la fisioterapia.

Bursitis de la pata de ganso

En la parte interna de la tibia, cerca de la rodilla, se insertan juntos tres tendones: semitendinoso, sartorio y recto interno. Esta inserción recibe el nombre de «pata de ganso» debido a su semejanza con la extremidad de esta ave. Estos tres tendones se sujetan a un mismo sitio, en la cara antero-interna de la tibia, justo un poco más bajo y más al interior que la sujeción del tendón rotuliano. Y bajo estos tendones se encuentra una bolsa que impide las fricciones entre los tendones y el hueso. Es esta bolsa la que suele irritarse dando lugar a una lesión frecuente en la consulta de traumatología. La bursitis de la pata de ganso se diagnostica por un dolor intenso en la parte superior de la pierna y se trata como las tendinitis de rodilla.

Síndrome de la cinta iliotibial

La cinta iliotibial es una larga banda de tejido rígido que nace en un músculo cerca de la cadera, recorre todo el lado externo del muslo y se sujeta en la interlínea articular del lado externo de la rodilla. Se puede apreciar cuando se extiende la rodilla y se flexiona la cadera. Forma una larga banda dura en el lateral de la pierna, palpable en el tercio inferior de su longitud. El síntoma de esta lesión es dolor e inflamación de la parte externa de la rodilla, que se producen cuando la banda fricciona el fémur a la altura de la rodilla y se irrita. Es un dolor extraño que permanece unos momentos y desaparece después de correr. En los casos graves, el dolor puede agudizarse y la hinchazón puede ser tan grave que la articulación de la rodilla estará sensible e hinchada.

El origen de problema puede ser un defecto de alineación de los huesos del pie, del que derive una mala posición de la parte anterior de la pierna. Las tensiones que resultan de los numerosos golpes durante la carrera se orienten según un ángulo que impide que las articulaciones las absorban como es debido. El caso es particularmente frecuente en aquellos que corren con las piernas curvadas hacia el exterior: la región externa de la rodilla es por tanto sensible a este tipo de lesiones.

Si percibe los síntomas descritos, deje de correr, aplíquese hielo cuatro veces al día durante 20 minutos y tome una aspirina o ibuprofeno. Realice estiramiento de la cinta iliotibial: póngase de pie con la pierna derecha cruzada por detrás de la izquierda y extienda el brazo izquierdo contra la pared. Inclínese hacia la pared, mientras empuja la cadera derecha hacia arriba. Mantenga esta postura durante 45 segundos. Repítalo cinco veces, tres veces al día.

Meniscos y ligamentos

Los meniscos son unos cartílagos semilunares dispuestos encima de la extremidad superior de la tibia. Estas membranas separan la tibia del fémur y permiten el funcionamiento de la articulación de la rodilla. En cuanto a los ligamentos, son una serie de haces de tejidos fibrosos muy resistentes y poco extensibles que unen los elementos de una articulación. Si se corre mal, los meniscos trabajan de manera anómala y pueden sufrir lesiones que alteran el funcionamiento normal de la articulación, pero como regla general hay que decir que el running difícilmente provoca lesiones de meniscos o de ligamentos. Lo que sí se pude es desencadenar o agravar un problema ya existente causado por un deporte de contacto. Los síntomas de un problema de meniscos son el dolor es interno y constante. En cuanto a los ligamentos, ya estén situados en el interior o en el exterior de la rodilla, el dolor agudo se localiza a nivel del ligamento dañado pero no hay bloqueo. Cuanto ocurre el desgarramiento severo de un menisco, la rodilla se bloquea y la única solución posible es la vía quirúrgica seguida de un periodo de reeducación intensiva en fisioterapia. En algunos casos puede ser que no se resuelva completamente la cuestión y no sea recomendable correr o practicar deportes muy exigentes con las rodillas. En el caso de los ligamentos podrán aplicarse tratamientos de fisioterapia que calmarán el dolor, así como un programa de reforzamiento de la musculatura, pero la continuidad del entrenamiento es difícil si se trata de una vieja lesión.

Sinovitis

En las lesiones por artritis o sinovitis las estructuras dañadas son la membrana que tapiza la articulación de la rodilla, la membrana sinovial, o el cartílago donde se hace la presión en el interior de la articulación. Los síntomas son un dolor vivo y constante. Caminar se hace difícil y la carrera imposible. Las rodillas se hinchan y todos los movimientos son dolorosos. Las causas provienen de un entrenamiento excesivo y de una irritación de la sinovial. El tratamiento consiste primero en una disminución de la distancia y la frecuencia de la carrera. Es necesario, además, evitar las superficies duras y poco absorbentes y frotar la zona dañada con hielo. Si el dolor persiste y aumenta, se recomienda reposo, tratamientos por diatermia, corrientes alternas, al igual que ejercicios isométrico. Si la causa es una enfermedad articulatoria degenerativa hay que abandonar el entrenamiento.

Lesiones de espalda

Síndrome piramidal

El dolor de cadera más frecuente entre corredores suele estar provocado por una tensión en el músculo piriforme o piramidal de la pelvis, que es el que se encuentra en la parte profunda de la región de los glúteos. A menudo se confunde con un dolor ciático, y por ello se conoce también como falsa ciática, pero en este caso el dolor y la sensación de debilitamiento comienzan en la nalga y el muslo, pero no sobrepasan la rodilla, como sí sucede con la ciática. El movimiento repetitivo del correr puede provocar una tensión extrema en las caderas, dando lugar a la inflamación del piriforme. Si este músculo se inflama, puede presionar el nervio ciático, que discurre por las nalgas y hacia las piernas. Esto da lugar a molestias en la parte inferior de la espalda, las caderas, las nalgas y una de las piernas, síntomas que aumentan al permanecer mucho tiempo sentado o al viajar en coche, posturas en que se comprime más la salida del nervio. Durante la carrera, el dolor del piramidal aumenta en cualquier entrenamiento que suponga cambios bruscos de ritmo y aumento de la zancada. Por lo general, las molestias aparecen al comenzar a entrenar, pero unos días más tarde, el dolor se mantiene durante todo el entrenamiento y puede durar meses. La relajación y los estiramientos del músculo piriforme son clave para aliviar el dolor de cadera. Pero si el dolor persiste, consulte con su médico.
El dolor de caderas puede no tener un origen muscular, sino óseo, como unas vértebras comprimidas o un nervio pinzado, pues el impacto propio de correr puede provocar que los discos intervertebrales se compriman. Para saber si tiene un pinzamiento, pida a un amigo que le ayude a comprobar la fuerza del dedo gordo de su pie. Siéntese en el suelo y extienda las piernas hacia delante. Su amigo debe agarrarle el dedo gordo mientras su talón reposa sobre el suelo. Intente resistirse mientras lo flexiona suavemente hacia abajo y apartándolo de su cuerpo. Será indicio de nervio pinzado si su dedo gordo del pie está débil o se «cae» hacia delante.

Dolor lumbar

Puede suceder que correr le ocasione dolores de espalda o contribuya a agravar un dolor que tenga otro origen. Los dolores de espalda más frecuentes son los que provocan un dolor en la región lumbar. El dolor traspasa la parte baja de la espalda y toma la forma de una banda estrecha que recorre toda esta región a lo largo. A veces, el dolor desciende a lo largo de una pierna pasando por la nalga y la parte trasera del muslo, para alcanzar la rodilla y el pie. Se puede también experimentar una especie de anquilosamiento a nivel del pie y una debilidad de la pierna. Las causas pueden ser muy distintas, desde una malformación de las vértebras hasta una debilidad de los músculos abdominales, pasando por una mala postura al correr, al caminar o en el desempeño de la actividad cotidiana. El tratamiento dependerá de la causa del dolor, pero en general supondrá hacer reposo, emprender un programa de ejercicios abdominales, dorsales y lumbares, para mantener el tronco fuerte y soportar mejor el peso de nuestro cuerpo, así como seguir una serie de tratamientos de fisioterapia y de quiropráctica. Si sólo es una ligera molestia se solucionará con ejercicios de elasticidad y estiramientos. Las causas pueden ser varias. Si la causa es una desigualdad de los miembros inferiores, es indispensable una elevación compensatoria. El dolor atribuible a una deficiente técnica de carrera puede ser causado por inclinarse demasiado hacia delante o por sobrezancada, es decir por correr con longitud de paso demasiado larga para usted. Como un probable origen es postural, cambie de calzado al entrenar y mantenga una buena postura en el trabajo, por ejemplo, una postura en la que rodilla, cadera y codos estén en 90°. Para la recuperación tras una lesión de espalda es muy recomendable que la rehabilitación se complete con la práctica de la natación.

El calambre es una contractura prolongada y dolorosa del músculo que está provocada por un desequilibrio salino en el organismo, pero generalmente es el resultado de la fatiga y el estrés. Para superar el calambre se debe estirar el músculo afectado y reanudar la actividad suavemente. Aunque es doloroso, una vez pasado no deja secuelas.

Parte III

Preparación física y mental

Por bueno que sea correr para nuestro cuerpo, lo es todavía más para nuestra mente. La persona que corre se siente más suelta y ligera, más ágil y proactiva, y esto le hace ver la vida de manera positiva y con predisposición al optimismo.

CAPÍTULO 7

Mentalizados para correr

En torno a la práctica del running existe una aureola de prestigio que nace del estrecho vínculo de esta práctica deportiva con el crecimiento personal. Esta fama es plenamente merecida, pues para correr durante largas distancias, el buen corredor de fondo debe poner en marcha procesos que, más allá de mejorar la fuerza de sus piernas o su capacidad cardiovascular, también lo impulsan a mejorar como persona.

Correr es algo natural en el ser humano. Es una de las primeras manifestaciones del juego: los niños corren todo el día de aquí para allá sin que les cueste el menor esfuerzo. Y resulta muy difícil hacerlos parar; tanto es así que cuando finalmente dejan de correr, agotados, muchos relacionan la quietud con el aburrimiento. Ese aspecto lúdico nunca desaparece del todo en la práctica de éste y de cualquier otro deporte. Sin embargo, para que un adulto corra durante mucho tiempo, en especial si lo hace como parte de su preparación para competir en una carrera de larga distancia, la chispa del juego no aporta suficiente impulso. El esfuerzo exigente del entrenamiento de resistencia y fondo nos obliga a desarrollar unas capacidades que van más allá de las físicas, como la motivación o la constancia.

En este capítulo vamos a hablar de esos aspectos mentales que intervienen en la preparación del corredor, desde el establecimiento de objetivos hasta el refuerzo positivo para vencer la pereza.

Aprender a marcar objetivos

Casi todo el mundo se fija objetivos, pero son muchos menos los que los alcanzan. En la mayor parte de los casos, el problema no reside en nuestra incapacidad para mejorar en cualquier ámbito de la vida, sino en el mismo origen del proceso, es decir, en que no hemos establecido correctamente el objetivo. Si un día nos levantamos eufóricos, con una inexpugnable confianza en nosotros mismos, y trazamos un plan para alcanzar una meta sin realizar antes un calmado y objetivo análisis de la situación, es muy probable que acabemos fijándonos unos objetivos poco realistas y sensatos. Este tipo de objetivos suelen obtener exactamente lo contrario de lo que pretenden: el abandono del plan, con los consiguientes sentimientos de frustración y de culpabilidad que suelen acompañar a este desistimiento.

Así pues, para que los objetivos cumplan con su misión motivadora y orientadora, deben haber sido bien establecidos. Para ello deben reunir tres características: ser razonables, ser progresivos y ser realizables.

Objetivos razonables

Un objetivo razonable es el que uno ha fijado siendo sincero consigo mismo: averigüe cómo es su estado de forma actual, compruebe si se ha recuperado por completo de su anterior lesión o analice de forma realista su disponibilidad de tiempo para correr y entrenar durante las próximas semanas o meses.

Objetivos progresivos

Un objetivo progresivo es el que va en aumento, estableciendo metas parciales a lo largo de una cuesta que nos conduce gradualmente hacia nuestro objetivo. Su mente, lo mismo que su organismo, ha de adaptarse a los nuevos niveles de esfuerzo. Nadie puede evitar el desengaño, o la lesión, si pretende competir en una maratón una semana o dos después de haber empezado a entrenar. Por el contrario, si nos fijamos objetivos realistas parciales, y los vamos cumpliendo, el proceso se retroalimenta de manera virtuosa. Cada hito superado tendrá como resultado un refuerzo psicológico, que beneficiará a su desempeño físico; cada pequeño objetivo cumplido será una inyección de confianza que nos impulsará a seguir adelante con mayores garantías de éxito y menores posibilidades de lesión.

Objetivos realizables

Por último, los objetivos deben ser también realizables, es decir, realistas, eso supone no sólo ser razonable al establecer nuestro punto de salida, sino serlo asimismo al establecer nuestra meta. Los objetivos desatinadamente ambiciosos no nos conducen al éxito; por el contrario, un objetivo realizable nos arrastra hacia él hasta alcanzarlo sacando fuerzas de flaqueza, incluso cuando nuestras energías física y emocional estén bajo mínimos. Ser realista también implica huir de la comparación con personas mucho más preparadas o dotadas que nosotros para la práctica del running. Cada uno debe esforzarse por lograr objetivos alcanzables, cimentados sobre su propio rendimiento. Por ejemplo, si es usted un principiante con un razonable estado de forma, un objetivo realista puede ser correr a un ritmo de 5:00 (es decir, a 5 min/km, o dicho de otro modo, a 12 km/hora), que podríamos considerar como la velocidad media del corredor aficionado.

Junto con los objetivos a largo plazo, que desde lo más profundo de su mente estructuran y orientan su entrenamiento, fíjese también objetivos modestos diarios. Estos deben adaptarse a cómo se sienta, tanto psicológica como físicamente, ese día en concreto antes de salir a correr. Todos tenemos días malos o flojos, y días buenos y fuertes y no podemos saber cómo nos vamos a sentir al día siguiente. Sea flexible y nunca se fuerce a realizar una carrera para la que no se sienta preparado.

La constancia del corredor de fondo

Si algo caracteriza a un buen corredor de fondo es la constancia. Conseguir recorrer muchos kilómetros sin detenerse y a un ritmo razonable implica comprometerse con una práctica regular y mantenida. Poco o nada conseguiremos si el ejercicio se convierte en un atracón de unos días seguido de largos periodos de inactividad. Al contrario, un entrenamiento sí afrontado puede llegar a ser muy perjudicial. Y huelga decir lo perjudicial que puede llegar a ser apuntarse a correr una maratón popular sin ni siquiera haber practicado ejercicio durante todo el año. El único plan que nos permitirá ponernos en forma con ciertas garantías es el que supone incorporar el ejercicio a nuestro día a día y practicarlo con regularidad. Una ambición razonable para cualquier principiante puede ser, por ejemplo, ser capaz de correr sin interrupción durante 45 minutos tres veces por semana. Puede sonar como algo muy difícil en el punto de partida, pero perfectamente realizable si nos tomamos el tiempo necesario para llegar a ese nivel y nos acercamos a él de una manera paulatina. Por supuesto, si no nos es posible hallar tiempo para tres sesiones de 45 minutos, siempre será infinitamente mejor encajar en nuestra rutina cotidiana tres sesiones semanales de 15 que concentrar en el fin de semana una sesión de 45 minutos.

Ahora bien, si no hallamos tiempo para correr siquiera un par de veces por semana, es preferible no empezar con el plan hasta que podamos fijarnos una rutina y respetarla integrando el correr como parte de nuestro estilo de vida.

Lo ideal es empezar dedicando tres o cuatro horas por semana al ejercicio aeróbico, y no quebrantar la regularidad. Es imposible insistir demasiado en la

Piernas y corazón

Quien mueve las piernas, mueve el corazón. Tenemos tan interiorizada esta verdad , que a veces nos lleva a confusión: damos por hecho que para correr carreras de fondo la clave es tener un corazón fuerte, porque lo de las piernas, por decirlo de algún modo, se da por supuesto. Sin embargo, cuando entrenamos nuestro cuerpo para recorrer grandes distancias caemos en la cuenta de que el sistema cardiovascular es considerablemente más robusto que el sistema musculoesquelético. Al sometemos a un determinado esfuerzo, nuestros corazón y nuestros pulmones responden muy rápido, fortaleciéndose para proporcionarnos la capacidad para transportar más oxígeno a los músculos. Sin embargo, nuestros huesos, ligamentos, tendones y músculos no son tan adaptables. El resultado de esto es que cualquier principiante razonablemente atlético, tras unos cuatro meses de entrenamiento, podría en teoría correr una maratón... si no fuese porque es muy probable que sus huesos no estén todavía preparados para ello. Mientras que el corazón y los pulmones pueden estar animándole a seguir, los huesos, ligamentos, tendones y músculos pueden estar deseando que se detenga. De ahí la importancia de la regla de la moderación: la mayoría de la gente que no ha sido muy activa tiene el riesgo de padecer lesiones en los primeros tres a seis meses si incrementa el entrenamiento de manera continua.

importancia de la constancia. Si interrumpimos la progresión, desandamos mucho camino. Alternar semanas de inactividad y reiniciar continuamente el entrenamiento es más perjudicial que beneficioso para la salud, y además consume la moral. Reflexione sobre la siguiente secuencia de acontecimientos, tan habitual entre los principiantes: usted decide ponerse en forma, por lo que se calza las zapatillas y corre tanto como pueda resistir; al día siguiente se siente como si le hubiese atropellado un camión; la sensación le dura una semana y cuando se ha recuperado lo bastante como para realizar otra intentona, se empeña en recuperar el tiempo perdido dándose otra paliza... Este tipo de entrenamiento, por llamarlo de algún modo, le hará sentirse peor. Por ello, aunque tenga la suerte de no lesionarse en uno de esos días de trabajo extraduro en los que infructuosamente trata de compensar las sesiones de entrenamiento perdidas, de todos modos no pasará mucho tiempo antes de que pueda oír una voz interior que le sugiere de manera muy convincente que abandone.

Por el contrario, cuando trabaja con constancia, el cuerpo dispone de más tiempo para adaptarse a la tensión del entrenamiento. Así, cuanto más constante sea en su entrenamiento, menos importante será que lo haga exactamente bien cada vez y podrá tener días buenos y días malos sin que ello afecte su progresión en la mejora. Sus bases serán más seguras, lo que significa que podrá tomarse un respiro de vez en cuando sin echar por tierra el plan de trabajo. Gracias a la constancia, su rutina evolucionará de forma natural hasta convertirse en la mejor para usted.

La regla de la moderación

Sabemos ya que para establecer un plan de entrenamiento exitoso debemos establecer unos objetivos razonables, progresivos y realizables que hemos de perseguir de una manera constante. Existe otro aspecto clave del buen entrena-

El corredor de fondo debe desarrollar el dominio mental que le permita ignorar o superar la fatiga y el dolor. En los entrenamientos hay que visualizar y superar ese momento de agonía mental que nos invadirá en la carrera.

miento que está vinculado a la mente del corredor: la regla de la moderación, es decir, la necesidad de que seamos capaces de contenernos y no dejarnos llevar por la tentación de un entrenamiento excesivo. La moderación es un imperativo del entrenamiento: no existen atajos, no podemos ir más rápido de lo que marcan nuestros propios límites de velocidad y no podemos recuperar en un día el camino que hemos dejado de recorrer días atrás.

El proceso de ponerse en forma es, en buena medida, una competición que hacemos con nosotros mismos. El rival al que debemos vencer es nuestro nivel de ayer, y el rival al que debemos ceder la corona, una vez vencidos, somos nosotros mismos ejerciendo el mismo ejercicio mañana, durante más tiempo o con mayor intensidad que hoy. Pero atención: hay que ir superando las metas sin dejarnos llevar por el estrés de tener que cumplir con el programa propuesto y sin caer nunca en el sobreesfuerzo.

Ya hemos dicho que una vez lograda una rutina de trabajo gracias a la constancia, podemos permitirnos algunos saltos sin comprometer el avance hacia nuestros objetivos. Aunque la regularidad y la progresividad son esenciales para toda persona que empieza a correr, no pueden conducirnos a una situación de estrés. Si un día no se puede salir o no apetece, no pasa nada. La carrera tiene que ser vivida como un momento de relajación, nunca como una obligación.

En cuanto al esfuerzo, si bien no conviene huir de él, hay que conocer nuestros límites para no excedernos con la intensidad, pues el sobreesfuerzo incrementa el riesgo de posibles lesiones. Como queda dicho, una manera de controlar el sobreesfuerzo es aplicar el índice de esfuerzo percibido, que consiste en tratar de mantener una conversación mientras hacemos ejercicio: si la respiración es tan agitada que no podemos hablar, o si hemos de detenernos para respirar hondo de vez en cuando, es señal de que nos estamos extralimitando y de que debemos reducir el ritmo.

Motivación para correr

Es muy probable que si usted está leyendo estas líneas tenga ya claros unos cuantos motivos para correr. A pesar de ello, si su objetivo es prepararse para correr una maratón, durante el tiempo que dure el entrenamiento es bien seguro que habrá días en que tenga que echar mano de toda su fuerza de voluntad y de su capacidad de sacrificio para salir a correr. En esos días le sorprenderá descubrir lo lúcido que se muestra su otro yo, que prefiere dormir media hora más, a la hora de descubrir motivos para no correr. Es en esos momentos cuando la motivación deberá ayudarlo a seguir adelante.

Pero el haber entrenado la motivación no sólo le será útil para vencer la pereza, sino también para seguir manteniendo el trabajo continuo en los días de carrera larga o para encontrar esa última reserva de energía el día de la competición.

La motivación es el factor más importante para mantenernos firmes en el camino hacia nuestros objetivos. Por resulta esencial que pueda obtener control sobre su motivación, cada día. Si logra tomar el control sobre su actitud, se verá arrastrado por factores externos que le conducirán a una montaña rusa de motivación: crecido un día, con pérdida de confianza al siguiente. Toda persona está algún día motivada, pero mantener esa motivación requiere una estrategia o un programa de entrenamiento. Por eso no es extraño que para muchos atletas la preparación mental sea casi tan importante como la física. Estos atletas incorporan a su entrenamiento unas herramientas de psicología deportiva para la mejora general de sus resultados. Como ejemplo de las prácticas más empleadas entre los corredores para enfocar la mente y bloquear las distracciones podemos destacar la visualización y el ritual positivo.

La visualización. La visualización es el acto de imaginarse teniendo éxito en la situación para la que se está preparando. Aunque parezca tener algo de prodigioso, no se trata de un misterioso truco de magia, sino de una práctica de entrenamiento común e instintivo en las personas de éxito, sin importar cual su disciplina de competición. Para realizarla, simplemente «véase» superando un esfuerzo durante la carrera y alcanzando su meta. No ha de ser un proceso de pensamiento continuo, basta con que tenga un objetivo futuro en lo más profundo de su mente y, de vez en cuando, se piense en esa situación y se imagine coronándola con éxito. La confianza que le proporcionará no sólo le permitirá relajarse durante sus sesiones de entrenamiento, sino que también le ayudará a sentirse más seguro sobre la propia carrera: cuando alcance el punto crítico visualizado, se sentirá como si ya lo hubiera superado antes.

El ritual positivo. Con el ritual positivo lo que hacemos es resetear nuestra mente para poderla a punto de competición. Puede ser algo tan sencillo como frotarse las manos con crema, recitar un poema o atarse ritualmente las zapatillas antes de empezar a correr. Puede ser cualquier cosa, siempre y cuando la haga cada vez que entrene. Igual que la visualización no es un acto de magia, aunque sus modos y efectos lo parezcan, el ritual positivo no es un acto de superstición, aunque comparta con este tipo de práctica algunos resortes psicológicos: al reproducirla, la rutina que nos ha acompañado a lo largo de todo nuestro entrenamiento se comporta como un talismán y nos abre las puertas a un ámbito conocido donde nos sentimos seguros, con lo que ganamos en confianza y relajación. De nuevo, cuando se encuentre en una situación estresante, este ritual le dirá a su subconsciente que ya ha hecho esto antes con éxito, y tendrá la vía libre para repetir o mejorar su buena actuación.

¿Cansancio o pereza?

Queda dicho que la moderación es una regla que no podemos quebrantar en nuestro entrenamiento. Esto significa que si algún día nos sentimos especialmente cansados, es mejor que no forcemos la máquina y nos tomemos el día de descanso. Sin embargo, si la voz que nos dice que estamos especialmente cansados la oímos por la mañana temprano o antes de entrenamientos duros, es razonable que dudemos de nosotros mismos, pues probablemente lo que tengamos no sea fatiga, sino pereza o un nivel bajo de azúcar en sangre. Si se trata de pereza, habrá que echar mano de la motivación y superarla, pues en este caso no prima la ley de la moderación, sino la de la constancia, y si se trata de hipoglucemia, bastará con rellenar los depósitos de carbohidratos.

Sí habría que descansar si se tratase de auténtica fatiga. Para saberlo, uno de los mejores indicadores es su pulso en reposo, tomado por la mañana. Puede hacer un seguimiento. Tómese el pulso durante un minuto en el instante en el que se despierte, antes del susto del despertador y de empezara ocupar la mente con pensamientos estresantes del trabajo. Regístrelo de inmediato. Al cabo de unos días observará que hay algunas fluctuaciones, según la hora a la que se levante, cuánto tiempo haya estado despierto, etc., pero pasadas varias semanas esto se equilibrará. Después de tomarse el pulso durante dos o tres semanas, podrá establecer una línea de base del pulso de la mañana. Quite las dos lecturas más altas y después saque la media. Ésta será su guía para descubrir si se engaña o no al decir que está cansado: si el ritmo es un 5 por ciento mayor que su media, entrene con suavidad, si el ritmo es un 10 por ciento superior, sin razón para ello (infección, pesadilla, estrés…), tómese un día de reposo, y si su pulso se mantiene alto durante más de una semana, hable con su médico para ver si existe alguna razón para ello.

La resistencia mental

Si cuando corremos un distancia larga lo hiciéramos todo el tiempo con la mente puesta en nuestro objetivo, seríamos incapaces de completar el recorrido de pura fatiga mental. Nuestra mente tiene una capacidad de desconectar que resulta extremadamente útil para desarrollar esfuerzos prolongados. La resistencia mental o el aguante tiene mucho que ver con esta desconexión. Mientras corremos solemos entrar en uno de estos dos estados: asociación y disociación. Cuando corremos en disociación, dejamos que nuestra mente divague. En ese estado la carrera se nos puede pasar volando. Merece la pena recordar aquí que al correr hemos de dejar correr también a la mente, y no salir a correr llevando a cuestas las preocupaciones. Corriendo no se resuelven los problemas, pero sí podemos dar a la mente un merecido descanso para que cuando nos enfrentemos a ellos podamos afrontarlos con mayores garantías de éxito.

Cuando corremos en el estado que los psicólogos denominan asociación, nos concentramos en la tarea que estamos llevando a cabo. El corredor entonces está mentalmente «ahí», concentrándose en lo que está haciendo para en rendir al máximo. Corremos en asociación cuando hacemos técnicas de carrera, en un entrenamiento en pendiente muy costoso o al realizar un sprint. La disociación es el estado mental perfecto y relajado para realizar las carreras suaves que deberían abarcar entre el 80 y el 90 por ciento de sus sesiones de entrenamiento. O el cien por cien si somos principiantes. La asociación se reserva generalmente para el porcentaje restante dedicado a las carreras duras. En el entrenamiento de intervalos, que alterna trabajo lento con series de velocidad, aceleración, entrenamientos en cuesta y cambios de rimo, se alterna asimismo estos dos tipos de estado mental: concentración para correr rápido y con esfuerzo y divagación para correr a ritmo suave y relajado.

Batirse con uno mismo

La mayoría de la gente pasa por la vida sin tratar de acercarse jamás a sus límites físicos y pos supuesto sin vivir la enriquecedora experiencia de ampliarlos. Pero entre esta gente hay muy pocos aficionados a las carreras de fondo. El acicate de superarse uno mismo es como una pieza de serie en el corredor de fondo. Como dirían los franceses, *il va de soi*. Al poco de iniciar un programa de entrenamiento constante para correr largas distancias, incluso la persona más sedentaria nota cómo se enciende una chispa en su interior que la estimula a querer estar más en forma. Pasados unos meses de entreno, ese acicate interior puede llevarle a convertirse en lo mejor que pueda ser. Ese proceso de retarse a uno mismo suave y regularmente nos hace cuestionarnos prioridades, ampliar nuestras capacidades y emplear el tiempo y la energía de forma más eficaz. Es interesante llamar la atención sobre el hecho de que esta actitud, una vez interiorizada, es fácil de trasladar a otras esferas de la vida.

Correr puede enseñarnos mucho sobre nuestro modo de ser, al mostrarnos nuestros límites al tiempo que nos da la oportunidad de superarlos. La realidad de un programa de entrenamiento de resistencia y fondo es que tendrá más reveses que victorias. Mientras esté corriendo una larga distancia, más que una carrera contra el tiempo y contra los adversarios, estará tratando de batirse a sí mismo poniendo a prueba su preparación física y mental, su capacidad de adaptación al esfuerzo y su fuerza de voluntad. El contrincante a batir son los pensamientos que surjan desde su debilidad planteándole la utilidad, la peligrosidad o la estupidez de su esfuerzo. A usted mismo le parecerán razonables sus argumentos, pero en realidad no son tales, sino reflejos condicionados, ideas de autodefensa surgidas para combatir un esfuerzo demasiado duro.

No hay que tirar la toalla. El corredor de fondo aprende de cada adversidad y se hace cada día un corredor más fuerte. Gracias al entrenamiento desarrolla su fuerza interior. Enfrentarse a los retos es un camino duro al principio pero que supone un proceso de mejora. Busque en su interior y hallará más fortaleza de lo que pensaba. Si seguimos elevando el listón, correr puede proporcionarnos la magnífica sensación de que los listones están hechos para ser elevados. En todo este proceso ponemos en juego la capacidad de esfuerzo, disciplina, constancia, compromiso, confianza, voluntad y determinación: piense en cuántas otras facetas de su vida pueden beneficiarse poniendo en práctica estos atributos.

CAPÍTULO 8

Desarrollar la flexibilidad

La flexibilidad es el tesoro perdido de la juventud, recuperarla es el objetivo de los estiramientos. Observar las posturas y movimientos de un bebé es un buen recordatorio de lo flexible que puede ser el cuerpo humano. Juventud y flexibilidad son magnitudes directamente proporcionales. Tanto es así que, de hecho, la juventud se mide por la flexibilidad.

La flexibilidad es, efectivamente, un don con el que nacemos y que vamos perdiendo progresivamente con la edad: la principal diferencia entre el cuerpo de los niños de corta edad y el de los adultos es que aquéllos son capaces de moverse con total abandono, doblarse con asombrosa facilidad, adoptar las posturas más inverosímiles, incorporarse sin esfuerzo alguno, caerse sin hacerse daño. Recuperar este componente esencial de la buena forma física es uno de los tres objetivos básicos de todo programa de entrenamiento, junto con la búsqueda del incremento de la resistencia y de la fuerza.

Una protección para los músculos

Experimentar la flexibilidad del cuerpo es una sensación muy agradable. Al estirarlos, los músculos se relajan y alargan, de manera que se vuelven más elásticos, y se adquiere una flexibilidad mayor que permitirá realizar una gran variedad de movimientos. Así, los estiramientos dan una mayor sensación de libertad, hacen sentirse más ligero, con mayor capacidad de concentración y de llevar a cabo numerosas actividades físicas con facilidad. Además, el estiramiento protege músculos y tejidos de las lesiones y mantiene en el tiempo los resultados obtenidos con los ejercicios de resistencia y tonificación.

Por otro lado, los ejercicios de estiramiento están muy relacionados con todas las técnicas de salud holística e integral que vinculan la salud de cuerpo y mente. Desde el antiquísimo yoga hasta el moderno pilates, los movimientos que proponen estas técnicas son en mayor o menor grado ejercicios de estiramiento. Los estiramientos ayudan a aliviar la tensión muscular y a sentirse más relajado, mejoran la coordinación de movimientos y el conocimiento del propio cuerpo y ayudan a prevenir problemas ligados al desarrollo de actividades motoras, como tirones y desgarros, así como situaciones degenerativas como la artrosis y la osteoporosis.

Hay que tener mucha precaución al estirar: si estiramos en exceso o bruscamente, rompemos el músculo y las fibras del tendón y aumentamos el tiempo de curación de todos los corredores. Este daño lleva más tiempo de reparación conforme avanzamos en edad. Estirar demasiado no hace ningún favor al estiramiento.

Durante el calentamiento el estiramiento debe ser breve y muy suave, su única función es la de «calentar» el músculo favoreciendo la irrigación muscular.

Para calentar y para enfriar

Los ejercicios de estiramiento los encargados de potenciar la elasticidad de los músculos. Gracias a ellos el cuerpo recupera la capacidad para moverse con toda agilidad y libertad. Estos ejercicios fundamentales deben realizarse antes y después de cada entrenamiento. Antes, durante el calentamiento, de forma suave y durante pocos segundos, y tras el ejercicio, durante el enfriamiento, dedicando más concentración y tiempo a cada ejercicio.

En efecto la duración es lo que distingue una sesión de flexibilidad de una de calentamiento o de enfriamiento. Para iniciarnos en un programa estiramiento debemos tener en cuenta que al principio, y por norma general, tendremos que mantener cada estiramiento al menos unos 8 segundos y aumentar gradualmente la exigencia hasta poder mantenerlo durante 20 segundos o más. La duración principal es la diferencia entre las sesiones específicas de flexibilidad y los ejercicios de estiramiento que forman parte del principio y del final de una sesión de resistencia, fuerza y tonificación. Durante el calentamiento bastan 10 o 15 segundos de estiramiento en cada ejercicio para acondicionar el músculo, mientras que en las sesiones de flexibilidad o *stretching* el estiramiento se ha de prolongar, porque lo que se pretende es que músculo se desarrolle y flexibilice.

Los estiramientos tras el entrenamiento se realizan para disminuir la sobrecarga de los músculos, mejorar el drenaje y estimular la circulación sanguínea, lo que permite asimilar mejor el entrenamiento. Correr una gran distancia sin estirar al final del entrenamiento provoca un desequilibrio muscular que puede acabar siendo muy perjudicial.

SIN REBOTES NI DOLOR

El requisito básico de los ejercicios de flexibilidad es que no se debe forzar jamás un estiramiento; cuando se estira, se deben relajar lentamente los músculos sin rebotes ni sacudidas, y mantener la posición del ejercicio de estiramiento todo el tiempo que sea posible sin que nos produzca dolor. El estiramiento correcto nos producirá una tensión, pero agradable, si duele hemos de parar de inmediato. Al principio aguantaremos esa tensión durante unos 10 segundos y, conforme vayamos aumentando nuestra flexibilidad, estiraremos gradualmente hasta mantener el estiramiento durante 30 segundos o más. El límite de estiramiento viene dado por las propias capacidades y el estado concreto de su sistema neuromuscular, así que debe prestar atención a sus sensaciones para no excederse.

Para un mejor equilibrio, efectíe los estiramientos en ambas partes del cuerpo. Aunque una de las funciones de los ejercicios de flexibilidad es precisamente preparar el cuerpo para realizar ejercicios de mayor impacto, no existe actividad física que no implique ningún riesgo de lesión si no se practica respetando unas reglas básicas. En el caso de los estiramientos estas reglas son las que siguen:

» evitar hacer estiramientos si se ha producido una lesión,
» relajar todo el cuerpo antes de practicar el ejercicio,
» respirar de forma constante y profunda durante el ejercicio,
» concentrarse en la zona de estiramiento y asegurarse de que es la adecuada,
» servirse sólo del peso del propio cuerpo y evitar sobrecargas,
» trabajar en un estiramiento lento y progresivo,
» no rebotar nunca durante los ejercicios,
» estirar hasta notar una suave y leve incomodidad,
» mantener el grado de extensión sólo hasta 30 segundos,
» realizar siempre movimientos lentos y muy controlados.

Si durante una sesión de estiramientos sentimos temblor muscular, dolor, cansancio o mareos, hemos de detenernos y salir muy lentamente de la posición. Descanse durante unos segundos antes de seguir con otro ejercicio.

EJERCICIOS DE ESTIRAMIENTO

Para estirar un músculo determinado hemos de contraer su antagonista (se entiende por agonista el que realiza una acción concreta y por antagonista es el que realiza la acción contraria). La contracción del antagonista relaja automáticamente el agonista gracias a la llamada inervación recíproca. Así por ejemplo, si desea estirar el cuádriceps (extensor de la pierna) contraiga voluntariamente los isquiotibiales (flexores de la pierna). El rango óptimo de tiempo para lograr mejoras es mantener el estiramiento un mínimo de 15 segundos y un máximo de 30.

Ejercicios para estirar los músculos de las piernas, pantorrillas y muslos

Estos ejercicios son muy completos para estirar los músculos de las piernas, ya que implican tanto gemelos, como abductores y cuadriceps. Para realizarlos:

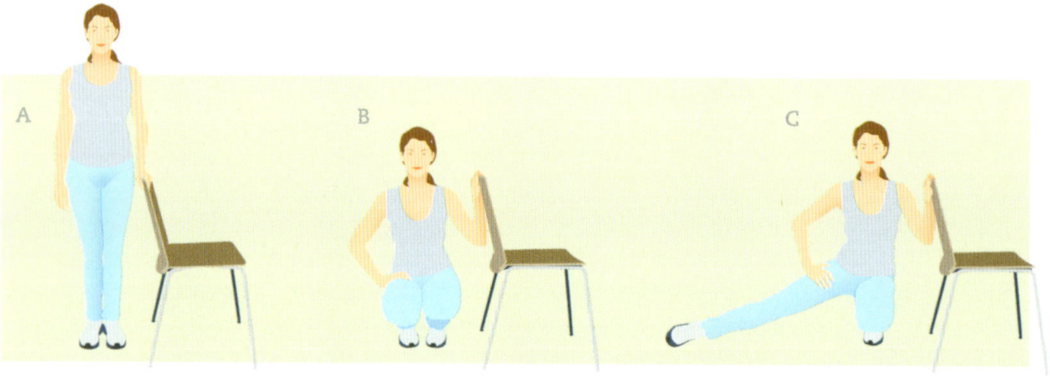

1. Nos colocamos de pie, apoyados en una silla, y espiramos mientras nos levantamos de puntillas, contrayendo los gemelos; luego inspiramos y descansamos la planta en el suelo (A).

2. En la misma posición, flexionamos las piernas hasta ponernos en cuclillas con la espalda recta (B) para trabajar los glúteos y los músculos de la parte frontal —los cuadriceps— y posterior de los muslos.

3. A continuación estiramos una pierna hacia un lado, mientras mantenemos la otra flexionada (C), juntamos los pies y repetimos el ejercicio con la otra pierna.

Ejercicio de estiramiento de todo el cuerpo

Aunque este ejercicio concentra el trabajo en los músculos de brazos y hombros, se trata de un estiramiento muy completo que implica varios músculos del cuerpo, como los de espalda y piernas. Lo realizaremos de la siguiente manera:

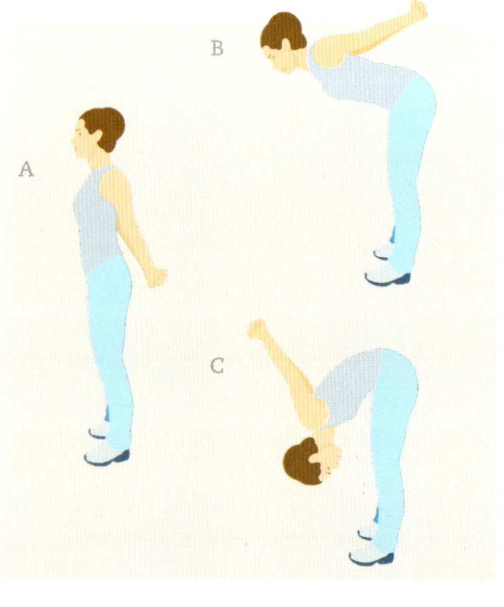

1. De pie, bien erguidos, con las piernas ligeramente separadas, el peso del cuerpo distribuido de manera uniforme, los dedos de los pies hacia delante y las rodillas ligeramente flexionadas, llevamos los brazos hacia la espalda y entrelazamos los dedos de las manos (A).

2. Estiramos los brazos, juntando los omóplatos. Lenta y suavemente, empezaremos a inclinarnos hacia delante, conduciendo el movimiento con la cabeza (B). Procuraremos llegar lo más abajo posible, sin forzar, manteniendo la pelvis apuntando hacia delante y los glúteos apretados todo el tiempo.

3. Elevamos los brazos con los dedos entrelazados tanto como podamos y mantenemos la posición unos quince segundos (C). Recuperamos la posición inicial, sin soltar las manos, y repetimos el movimiento.

Estiramiento con balón pilates

Aunque en el método pilates original no se usaban, las pelotas grandes o balones proporcionan un complemento ideal al método pilates clásico. El pilates tiene una de sus bases en el equilibrio. Las pelotas por medio de la búsqueda dinámica del equilibrio trabaja, al igual que el pilates clásico, los pequeños músculos que de manera inconsciente nos permiten reequilibrarnos. Esta manera de trabajar y de ejercitarnos nos proporcionar una mayor eficiencia y un diversidad de ejercicios que hacen más amenas las clases.

Estos estiramientos fortalecen el estómago, la espalda y los muslos mientras ayudan a liberar nuestra mente.

1. Nos sentamos de forma erguida sobre la pelota con la mano derecha sobre la pierna derecha y elevamos el brazo izquierdo estirando el tronco. Al inspirar nos inclinamos suavemente hacia un lado y al espirar volvemos a elevar el brazo hacia arriba. Repetimos diez veces y cambiamos de lado (A).

2. Sentados sobre la pelota y con las manos sobre los muslos, estiramos la pierna derecha hacia delante. Al espirar nos inclinamos con la espalda recta hasta sentir que estiramos la pierna derecha. Después de diez repeticiones cambiamos de pierna (B).

3. Apoyamos los codos sobre los muslos y nos dejamos caer hacia delante arqueando la espalda al espirar. Nos relajamos mientras inspiramos y repetimos diez veces (C).

Ejercicio para estirar los músculos de glúteos y parte posterior de los muslos

Con este ejercicio estiramos la zona dorsal, especialmente los músculos de glúteos, la parte posterior de los muslos y los gemelos. Para realizarlo correctamente:

1. Nos colocamos frente a una silla, con las piernas ligeramente separadas, apoyados en el respaldo con los brazos, la espalda y la cabeza en línea recta, de modo que el tronco forme un ángulo de 90° con las piernas (A).

2. Impulsamos una pierna hacia atrás, sin flexionar la rodilla de la otra pierna y manteniendo la cabeza en línea con la columna vertebral (B). Al acabar la serie repetimos la acción con la otra pierna.

Ejercicio de estiramiento completo de las extremidades inferiores y región lumbar

El levantamiento de piernas desde una posición acostada nos permitirá estirar los tendones de la parte interior de las rodillas —las corvas— corvas, abdomen, caderas, tobillos, piernas y región lumbar.

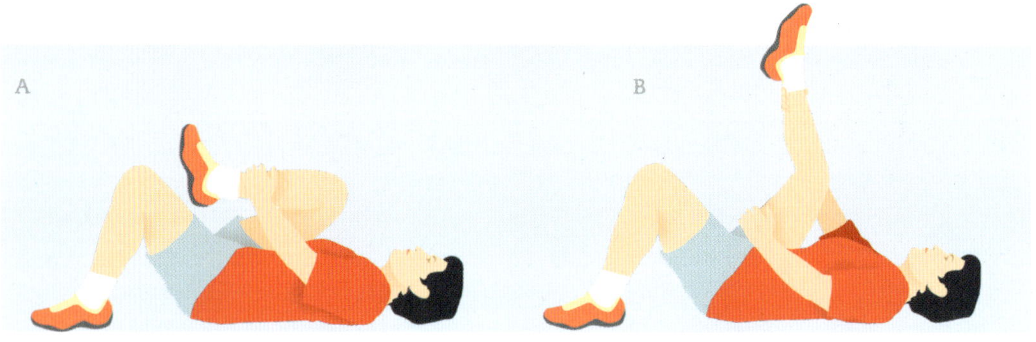

1. Relajados en el suelo sobre la espalda, con las rodillas flexionadas y los pies planos sobre el suelo, levantamos la pierna derecha y flexionamos la rodilla. Nos cogemos las manos más abajo de la rodilla y llevamos la pierna con suavidad hacia el tronco (A).

2. Luego nos cogemos el muslo por detrás con el brazo izquierdo, colocamos la mano derecha por encima de la pantorrilla, y lentamente elevamos la pierna (B).

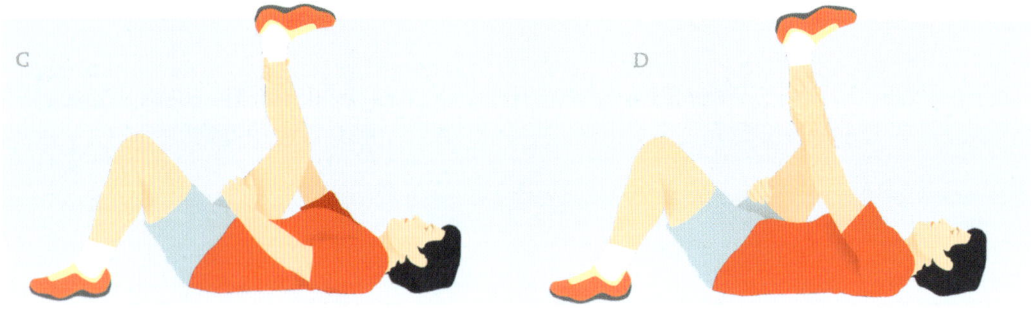

3. Cuando hayamos elevado la pierna lo más recta que podamos, realizamos algunas flexiones y extensiones con el pie derecho apuntando con los dedos hacia arriba, sintiendo cómo se estira la musculatura de la parte posterior de la pierna (C).

4. Mantenemos la pierna extendida, llevamos la mano izquierda hacia el tobillo derecho y empujamos suavemente la pierna hacia atrás (D). Repetimos el ejercicio con la otra pierna.

EJERCICIO DE ESTIRAMIENTO DE ESPALDA Y RODILLAS

Este ejercicio concentra el trabajo en los músculos de la espalda, pero implica también cuello y extremidades inferiores. Para realizarlo:

A

B

1. Empezamos el ejercicio de pie, bien erguidos y con las piernas separadas según el ancho de las caderas, las rodillas relajadas y separadas. Con la cabeza hacia abajo, comenzamos a flexionar las rodillas hacia afuera, lentamente, al tiempo que llevamos las manos hacia el suelo (A).

2. Continuamos agachándonos y flexionando las rodillas hacia afuera, levantamos la cabeza, colocamos las palmas sobre el suelo y alzamos los talones, como imitando la posición de una rana preparada para saltar (B). Mantenemos unos segundos la posición.

C

D

3. Con las palmas todavía en el suelo, bajamos más la cabeza y el torso y empezamos a enderezar las rodillas lenta y suavemente, mientras bajamos los talones hasta descansar toda la planta del pie (C). Mantenemos unos segundos la posición.

4. Levantamos con suavidad el torso y la cabeza hasta regresar a la posición inicial y repetimos. El tiempo de mantenimiento de las posiciones lo iremos incrementando conforme ganemos flexibilidad.

Si no ha practicado nunca musculación, antes de emprender cualquier programa de entrenamiento de la fuerza, debería usted recibir instrucción sobre la técnica por un monitor cualificado, especialmente si está usando mancuernas.

CAPÍTULO 9

Desarrollar la fuerza

Tradicionalmente se ha considerado que los ejercicios para desarrollar la fuerza muscular sólo debían formar parte del entrenamiento del velocista, mientras que para un corredor de fondo no sólo no eran recomendados, sino que incluso podían llegar a ser tachados de contraproducentes. Hoy está aceptado que una buena tonificación muscular es esencial para afianzar el andamiaje que nos sostiene, por lo que también resultan imprescindibles para quien desee recorrer grandes distancias.

El entrenamiento de la potencia muscular es un complemento perfecto de su programa de carreras. Gracias a este entrenamiento adquirimos una mayor tasa metabólica basal, lo que aumenta el consumo energético del organismo mientras estamos en reposo o dormimos, que se traduce en pérdida de grasas. También crece el ritmo basal de carrera.

Además, al fortalecer el andamiaje de huesos y músculos que nos sostiene, modelamos un cuerpo más aerodinámico y mejoramos la postura. Desarrollando la fuerza también favorecemos la longevidad muscular, retrasando la atrofia muscular asociada con el envejecimiento. Fortalecer los músculos que rodean las articulaciones y equilibrando las proporciones musculares es asimismo una de las medidas más importantes para la prevención de lesiones.

Poseer una mayor fuerza muscular proporciona a los corredores un pico de competitividad al correr. Esta potencia es especialmente útil para los velocistas o para los corredores de fondo cuando entran en anaerobiosis los últimos 400 metros de la carrera, pues ayuda a retrasar la fatiga muscular.

El corredor de maratón debe entrenar con pesas de forma prudente y complementaria. Como mucho dos veces a la semana, como máximo 2 series (o sea, 24 repeticiones) por grupo muscular y preferiblemente con pesas ligeras.

AFIANZAR LA ESTRUCTURA DEL CUERPO

Los ejercicios de tonificación sirven para afianzar el andamiaje que nos sostiene. Sin unos músculos bien tonificados el cuerpo se viene abajo: la espalda se curva, las rodillas se debilitan, el vientre se viene adelante... Los ejercicios de resistencia cardiorrespiratoria tan sólo ponen en forma una pequeña parte de nuestra estructura muscular, por ello debemos realizar ejercicios de resistencia muscular si deseamos conseguir una musculatura en forma, equilibrada y preparada para sustentar correctamente el tronco y la columna vertebral. Poseer un buen tono muscular favorece la adopción de una postura corporal correcta, que a menudo es consecuencia de una musculatura débil en el abdomen y la parte inferior de la columna. Además, fortalecer la musculatura ya implica fortalecer los huesos, pues los músculos bien tonificados protegen los huesos y las articulaciones recubriéndolos con un tejido resistente y elástico que los hace menos propensos a las fracturas en caso de caídas. Mantener un buen tono muscular es una garantía de juventud, pues ayuda a conservar una buena capacidad motora y a prevenir el proceso degenerativo de la osteoporosis, pues hacer ejercicio estimula el depósito de calcio en los huesos a la vez que evita que este mineral abandone la zona.

Proponer resistencia al músculo

También llamados ejercicios de tonificación, los ejercicios de fuerza y resistencia muscular están orientados a conseguir un buen tono muscular, es decir, a conseguir unos músculos más flexibles, vigorosos y resistentes. El tono muscular está relacionado con la fuerza que los músculos pueden ejercer, y ésta se define como la potencia máxima que se puede alcanzar cuando se realiza voluntariamente una contracción muscular aislada.

En los ejercicios anaeróbicos no se consume oxígeno, sino glucógeno muscular. Para lograr esta implicación muscular hay que ofrecer una resistencia notable, en forma de peso o tensión, a la fuerza de nuestros músculos, de otro modo

Atención a la postura

Los movimientos y las posturas incorrectas durante el ejercicio de tonificación pueden causar lesiones, desde desgarros en el tejido conjuntivo y roturas fibrilares hasta esguinces de ligamentos y desgarros musculares. Si bien cada ejercicio tendrá su técnica concreta, hay unos consejos básicos útiles para la mayoría de ejercicios de fuerza:

» La respiración debe ir acompasada al movimiento, inspirando por la nariz en la fase de distensión y espirando por la boca en el momento de mayor esfuerzo.

» Si tenemos dificultades para respirar mientras realizamos el ejercicio anaeróbico, debemos parar para descansar.

» En cada respiración debemos inspirar y espirar completamente antes de pasar a la siguiente.

» Nuestro cuerpo ha de mantener una postura equilibrada y la espalda debe permanecer recta.

» Si estamos de pie, tenemos que tener los pies separados a una distancia un poco mayor a la de los hombros.

» La tensión debe sentirse sólo en los músculos trabajados, no en el cuello u otras zonas.

» La zona lumbar no debe arquearse. Si estamos tumbados, es preferible flexionar las caderas y las rodillas para no forzar los músculos de la espalda.

» Los músculos abdominales han de estar contraídos.

» Las articulaciones deben estar sueltas (un poco flexionadas) y alineadas.

» Los movimientos tienen que ejecutarse lentamente, así trabaja más el músculo, y evitando brusquedades, para evitar posibles lesiones.

» Hay que controlar ambas fases del movimiento, sin abandonarse en la fase de bajada o distensión y evitando balancear las pesas.

» Los descansos entre repeticiones no deben superar los dos segundos.

nos hallaríamos ante un tipo de ejercicio anaeróbico. Esta sobrecarga se puede lograr de distintas maneras. En los ejercicios con tensores la resistencia la ofrece una goma elástica, que aumenta la resistencia conforme aumenta su extensión. En los de autocarga la resistencia la ofrece el peso del propio cuerpo, como ocurre en los ejercicios de abdominales y flexiones. Cuando el peso es excesivo, conviene reforzar los músculos implicados con otros sistemas. Los ejercicios de pesas son los que se realizan con barras, discos, muñequeras, tobilleras o mancuernas y tienen la ventaja de que permiten un control del peso que se utiliza, que puede adaptarse al nivel de esfuerzo requerido. Las máquinas son sistemas muy seguros y eficaces, pues los movimientos están dirigidos por la propia máquina, de modo que resultan ideales para principiantes.

Buscar el esfuerzo y el dolor

Si duele un ejercicio de estiramiento, no funciona, si no duele un ejercicio de musculación, tampoco.

Al realizar ejercicios de tonificación, no hay que parar hasta que duelan los músculos. Mientras que el dolor es un signo de que algo no funciona y debemos detenernos cuando realizamos ejercicios de estiramiento, en los ejercicios de musculación es una fase normal del proceso: al forzar el músculo para su crecimiento o tonificación lo que hacemos es romper sus fibras, de modo que la sangre llega con mayor facilidad a él y comienza la reconstrucción celular. En ese proceso es cuando el músculo aumenta de tamaño y gana tono. Por otro lado, si al sentir dolor seguimos haciendo ejercicio, veremos que desaparece más pronto que si descansáramos.

En rigor el número de repeticiones en un ejercicio depende de cada persona: la norma general es repetir hasta no poder hacer ninguna más, porque los progresos en el desarrollo y fortalecimiento del músculo se producen realmente durante las 3 últimas repeticiones, cuando se empieza a notar en el músculo una sensación de calor. En cuanto al peso escogido, cada cual debe hallar el equilibrio entre llegar al esfuerzo máximo y mantener una buena técnica. Esto significa que si levantamos pesos tan ligeros que las últimas repeticiones se realizan sin esfuerzo, el ejercicio servirá de poco, el músculo no se desarrolla sin esfuerzo; pero si escogemos un peso que sólo podemos levantar 5 veces, tampoco desarrollaremos el músculo, sino tan sólo su fuerza.

La base de la mejora progresiva es forzar a los músculos a trabajar cada vez más duro de lo que están acostumbrados. Para aumentar de fuerza es necesario utilizar progresivamente cantidades superiores de peso; para aumentar de tamaño muscular, además de pesos cada vez mayores, habrá que incrementar otras variables como número de sesiones de entrenamiento; para aumentar la

Los músculos del abdomen son los únicos que se pueden trabajar diariamente, sin dejar día de descanso. Pero no olvide trabajar sus opuestos, los dorsales

resistencia muscular, hay que reducir el tiempo de descanso entre series o incrementar el número de repeticiones o series. Este afán progresivo es la clave de todo entrenamiento.

Las repeticiones son la clave

Para tonificar un músculo hay que cargarlo y cansarlo con una serie de movimientos repetitivos. Durante el día podemos hacer esfuerzos puntuales, pero estos no se traducen en aumento de masa muscular. Para ello es preciso sobrecargar los músculos y cansarlos paulatinamente con una serie de movimientos sucesivos, repetitivos y concentrados. Es lo que se conoce como «repetición». Así sí se logra que tras el entrenamiento, y pasado el tiempo de recuperación, los músculos trabajados ganen fuerza y tamaño. Mientras que una repetición es la ejecución de un movimiento completo de un ejercicio (por ejemplo, subir y bajar 10 veces las mancuernas son 10 repeticiones), una serie es un grupo de 12 repeticiones. Con la excepción de los músculos abdominales, que pueden trabajarse a diario, conviene dejar descansar los músculos al menos 48 horas antes de repetir las sesiones de ejercicio. Además, la manera de evitar lesiones, conseguir buenas dinámicas de ejercicio y animarnos a seguir progresando es ir variando de rutinas: unos días trabajar para fuerza y tamaño, otros reducir el peso y aumentar las repeticiones, otros días entrenar con menos descanso entre series. Para conseguir crecimiento muscular debemos impedir al cuerpo que se adapte a un entrenamiento específico. Los músculos nunca deben acomodarse, necesitan el estrés para crecer. Y si variamos constantemente ejercicios, series, ángulos y repeticiones, nunca podrán acomodarse y ajustarse al estrés.

Resistencia y fuerza

Si lo que se busca es ampliar la resistencia muscular (la capacidad de los músculos para trabajar durante más tiempo), los pesos tendrán que ser ligeros y las series, largas; si lo que se desea es entrenar la fuerza, el peso utilizado debe ser capaz de cansar el músculo después de una serie corta. El tiempo de descanso entre series debe ser de unos dos minutos, salvo que deseemos acortarlo para

Primero calentar, luego entrenar y al final enfriar

Como cualquier otra sesión de ejercicio, las de desarrollo muscular también debe hacerse realizarse en tres fases: el calentamiento, el ejercicio propiamente dicho y el enfriamiento. Respetar este proceso es básico si queremos evitar riesgos de lesiones, incluso cuando creamos que la actividad física no es muy elevada, podemos juzgar mal y llevarnos un disgusto. Pasar de manera brusca de la inactividad total al esfuerzo o del esfuerzo al descanso nunca es bueno para los músculos ni para el corazón. La progresividad es una ley de oro que hay que respetar tanto al empezar como al acabar cualqier entrenamiento.

aumentar el esfuerzo: si sólo descansamos medio minuto, el esfuerzo durante la segunda serie será mucho mayor. Además, si agrupamos dos series individuales de grupos musculares opuestos, como flexión de bíceps y extensión de tríceps, y las realizamos sin descanso o con muy poco entre ellas, mejoramos la rapidez de recuperación de cada uno de los ejercicios.

En las repeticiones para entrenar la fuerza hay que llegar hasta nuestro peso máximo. En teoría, si fuéramos capaces de cargar la máxima cantidad de peso que podemos utilizar en un ejercicio y realizarlo varias veces durante un número determinado de series sin calentamiento, tendríamos una fórmula muy efectiva para desarrollar fuerza y tamaño. Pero esto no es posible por el potencial de lesión. Así, nunca empezaremos con el máximo, sino con un peso ligero que nos permita hacer muchas repeticiones. Luego iremos añadiendo peso a medida que reducimos repeticiones. La técnica de pausa-descanso ayuda a optimizar esfuerzos: si usamos el máximo peso posible para 2 repeticiones, descansamos medio minuto y volvemos a hacer otras dos; descansamos 45 segundos, hacemos 2 repeticiones ; volvemos a descansar minuto, y logramos 2 más, habremos hecho una serie de 8 repeticiones con un peso prácticamente máximo.

Ejercicios de musculación

A fin de conseguir un desarrollo equilibrado, la dinámica habitual de ejercicio obliga a trabajar todas las partes del cuerpo. Cada músculo tiene un límite de resistencia diferente y los músculos grandes deben ser ejercitados antes que los pequeños, pues éstos se fatigan antes, de modo que si son trabajados al inicio de la sesión provocarán una fatiga prematura.

Esto supone recorrer los cinco grupos musculares en el siguiente orden: piernas (cuadriceps, femorales, gemelos), tronco y hombros (pectorales, dorsales, deltoides, trapecio), brazos (bíceps y tríceps), espalda (lumbares y glúteos) y abdomen (abdominales, inferiores, superiores, oblicuos). Según el tiempo disponible, se puede trabajar todo el cuerpo cada día, o la parte superior un día y la inferior el siguiente. Cada grupo muscular debe poder descansar al menos un día entre sesiones. Los músculos suelen trabajar por pares.

Ejercicio para fortalecer el recto abdominal

Para fortalecer el recto abdominal, el músculo de la parte frontal del cuerpo, realizaremos el siguiente ejercicio:

1. Nos echamos de espaldas en el suelo, con las pantorrillas apoyadas en el asiento de una silla, las rodillas flexionadas, los muslos en ángulo recto con el torso, la espalda descansando sobre el suelo, las manos detrás de la nuca y los codos cerrados (A).

2. Tomamos aire, manteniendo tensos los abdominales, y mientras lo soltamos, mirando al techo, levantamos sucesivamente la cabeza, luego los hombros y por último la zona dorsal (B), manteniendo el cuello alineado con la columna vertebral. Inspiramos de nuevo y recuperamos la posición inicial, invirtiendo la secuencia referida y sin llegar a apoyar la cabeza en el suelo.

Ejercicio para fortalecer los músculos abductores

Para fortalecer los músculos abductores de los muslos, que trabajan en oposición a los abductores en la cara interna:

1. Nos acostamos sobre el costado derecho, con la cabeza apoyada sobre la mano derecha, el codo derecho en el suelo, la pierna derecha flexionada hacia delante y la pierna izquierda estirada hacia abajo (A). Tomamos aire.

2. Mientras espiramos, elevamos la pierna izquierda hasta ponerla en línea con el tronco. Mantenemos unos segundos esta posición (B) hasta sentir fatiga. Luego relajamos la tensión conforme descendemos la pierna lentamente. Inspiramos, hacemos las repeticiones y nos colocamos sobre el costado izquierdo.

EJERCICIO PARA FORTALECER LOS MÚSCULOS OBLICUOS

Para fortalecer los músculos oblicuos que definen los costados del abdomen realizaremos los siguientes ejercicios:

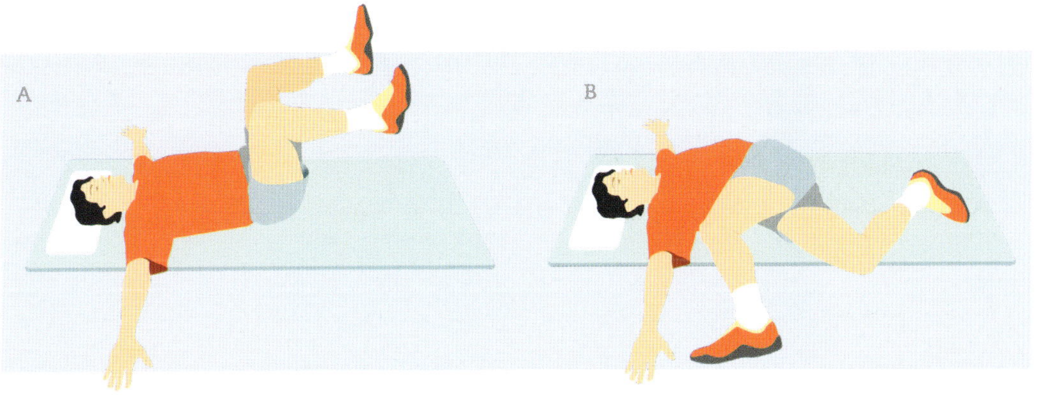

1. Nos acostamos en el suelo con los brazos abiertos en cruz y las manos boca abajo, con las palmas sobre el suelo. Levantamos las piernas flexionadas y tomamos aire (A).

2. Al tiempo que soltamos el aire, llevamos la pierna izquierda hacia la mano derecha, sin apoyar en el suelo la pierna derecha, manteniendo siempre la espalda en contacto con el suelo (B). Tomamos aire de nuevo y regresamos a la posición central para repetir el ejercicio hacia el lado contrario.

EJERCICIO PARA FORTALECER LA PARTE INFERIOR DEL RECTO ABDOMINAL

Para fortalecer y tonificar los músculos de la parte inferior del recto abdominal practicaremos el siguiente ejercicio:

1. Nos sentamos en el suelo, flexionamos las piernas con las rodillas juntas y las elevamos hasta acercarlas al tórax, incorporados sobre los antebrazos y con los pies a la altura de la cabeza (A).

2. Respirando con regularidad, iniciamos un movimiento de bicicleta, lanzando alternativamente una pierna hacia delante, al tiempo que recogemos la otra (B). Es importante evitar bajar excesivamente las piernas para que la zona lumbar no se arquee y sufra sobrecarga.

Ejercicio para fortalecer los músculos abdominales

Para trabajar los músculos abdominales realizaremos el siguiente ejercicio:

1. Nos sentamos frente a un mueble que nos permita colocar los pies bajo su repisa inferior. Con los pies sujetos bajo la repisa y las piernas flexionadas con los muslos próximos a las pantorrillas, colocamos las manos sobre el abdomen y la cabeza inclinada hacia delante (A).

2. Tomamos aire y comenzamos a soltarlo al tiempo que descendemos lentamente hacia atrás, sin arquear la espalda. Nos detenemos unos segundos en el punto de mayor esfuerzo (B), hasta que notemos fatiga temblor muscular. Recuperamos la posición inicial, inspiramos y repetimos el ejercicio.

Ejercicio para fortalecer la zona lumbar

Para tonificar la zona lumbar realizaremos el siguiente ejercicio:

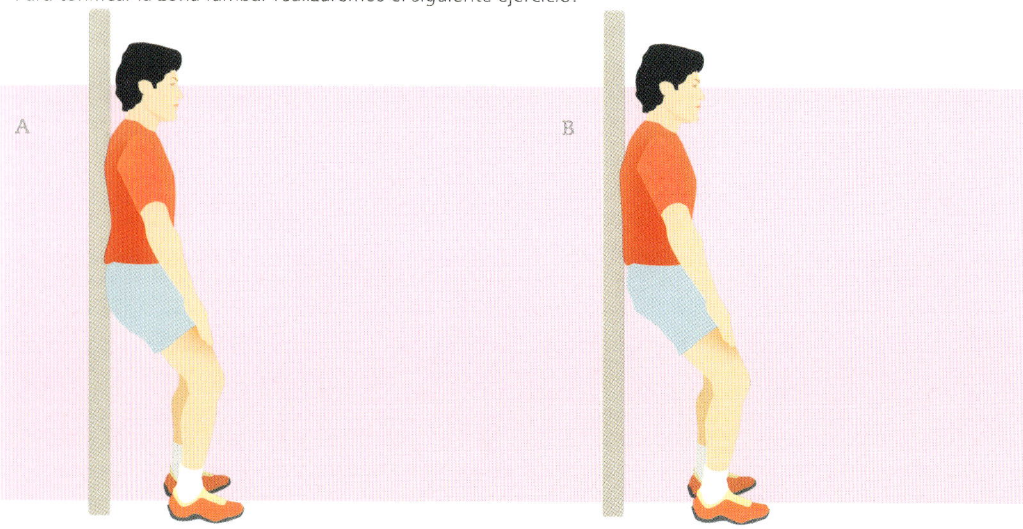

1. Estando de pie, apoyamos la espalda contra la pared y flexionamos ligeramente las piernas flexionadas, dejando los brazos extendidos a ambos costados (A). Inspiramos profundamente, sintiendo la respiración en el abdomen.

2. Al tiempo que espiramos, comprimimos la zona lumbar contra la pared, elevando un poco el pubis, y mantenemos esta posición mientras dura la espiración (B). Al tomar aire de nuevo relajamos la posición antes de repetir el ejercicio.

FLEXIONES DE MÚSCULOS DELTOIDES PARA FORTALECER EL PECHO Y LOS HOMBROS

Este clásico ejercicio trabaja los músculos deltoides de los hombros, los músculos pectorales del pecho y los tríceps de la parte posterior de los brazos, por lo que resulta ideal para fortalecer el pecho y los hombros.

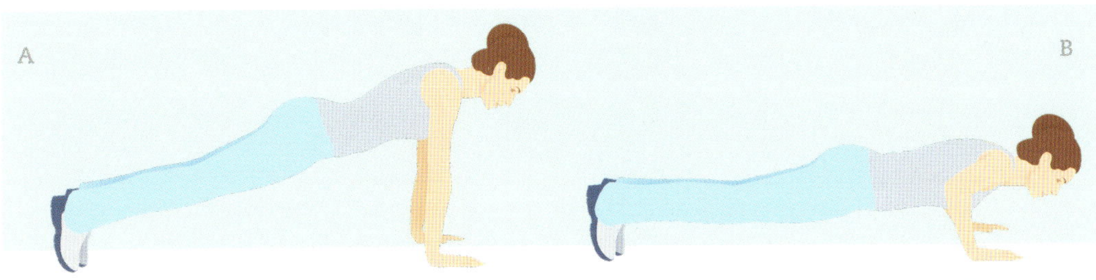

1. Tumbados boca abajo con las piernas extendidas formando con el cuerpo una línea recta y las manos a la altura de los hombros, elevamos el cuerpo haciendo recaer el peso sobre las manos y las puntas de los pies (A).

2. Bajamos el cuerpo hasta tocar casi el suelo con el pecho y mantenemos esta postura, sin descansar sobre el suelo (B). Luego soltamos aire y nos levantamos sin llegar a extender los codos por completo.

EJERCICIO DE FORTALECIMIENTO Y TONIFICACIÓN DE TRÍCEPS

Para trabajar los tríceps, es decir, los músculos de los brazos antagonistas de los bíceps, realizaremos el siguiente ejercicio:

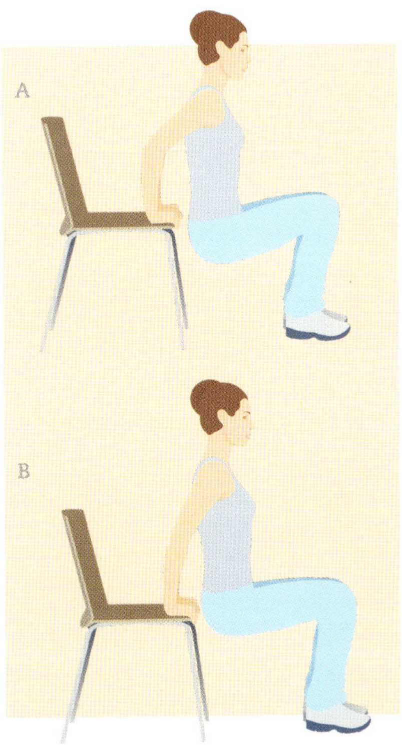

1. Sentados erguidos en el borde de una silla estable, colocamos las manos bajo las nalgas con los dedos apuntando hacia delante y agarrándonos al borde. Las plantas de los pies deben estar bien apoyadas en el suelo, las rodillas flexionadas y las piernas paralelas y separadas según la distancia de las caderas.

2. Con la espalda muy recta, el pecho hacia afuera y los abdominales tensos, nos adelantamos hasta dejar de apoyar las nalgas en la silla (A).

3. Tomamos aire y bajamos el cuerpo flexionando los brazos hasta que nos sea posible, con los codos apuntando hacia atrás, y la espalda recta (B). Exhalamos al levantar el cuerpo hasta recuperar la posición inicial.

Durante este ejercicio debemos evitar darnos impulso con las piernas o extender por completo los codos. Conforme vayamos ganando fuerza muscular podremos descender más al practicar este ejercicio.

Ejercicio de fortalecimiento y tonificación de bíceps

Este ejercicio es el más habitual para iniciarse en los ejercicios de musculación con pesas o mancuernas, pues es el más indicado para fortalecer los bíceps de la parte anterior del brazo. El progreso en este ejercicio se realiza utilizando pesas u objetos cada vez más pesados.

1. Nos ponemos de pie con las rodillas relajadas, los abdominales tensos y los hombros hacia atrás, agarrando las pesas con los dedos hacia delante, las sostenemos delante de los muslos (A).

2. Conforme soltamos el aire, levantamos las pesas rítmicamente pero sin balancearlas hasta la altura de los hombros de modo que los codos queden junto a la cintura (B).

3. Al tomar aire de nuevo bajamos las pesas. Podemos establecer un buen ritmo en el movimiento de subida y bajada contando hasta dos en el movimiento de ascenso de pesas y hasta tres en el movimiento de descenso.

Ejercicio de tonificación de los músculos deltoides para fortalecer los hombros

Para trabajar los músculos deltoides que dan consistencia a nuestros hombros practicaremos el siguiente ejercicio:

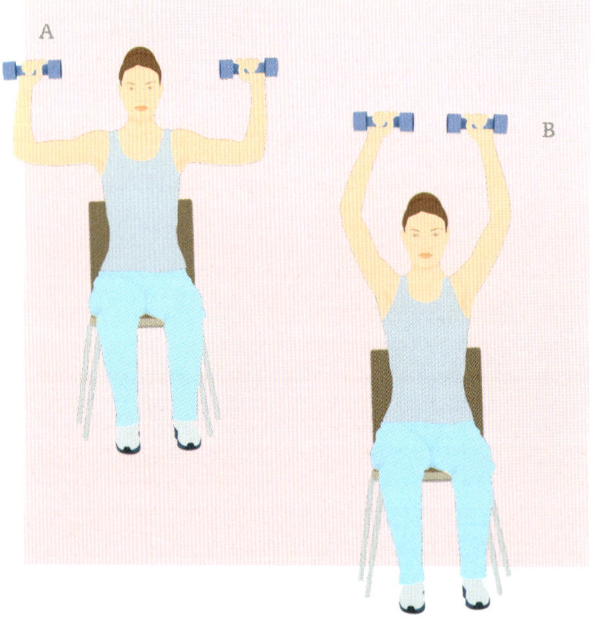

1. Sentados con las rodillas relajadas, los abdominales tensos y los hombros hacia atrás, sujetamos las pesas con los dedos mirando hacia delante. La parte superior de los brazos debe quedar paralela al suelo y los antebrazos han de formar un ángulo recto respecto a ellos (A).

2. Mientras soltamos el aire, levantamos las pesas con los brazos bien firmes. Al final del levantamiento los brazos queden estirados sin que los codos se extiendan del todo (B).

3. Volvemos a bajar las pesas al recuperar aire, suavemente y sin balancearlas. Para lograr un buen ritmo, levantaremos las pesas contando hasta dos y las bajaremos mientras contamos hasta tres.

EJERCICIO SOBRE BANCO PARA FORTALECIMIENTO DE DELTOIDES Y TRÍCEPS

Con este ejercicio trabajamos tanto pecho y hombros como los músculos del dorso de los brazos. Para realizarlo:

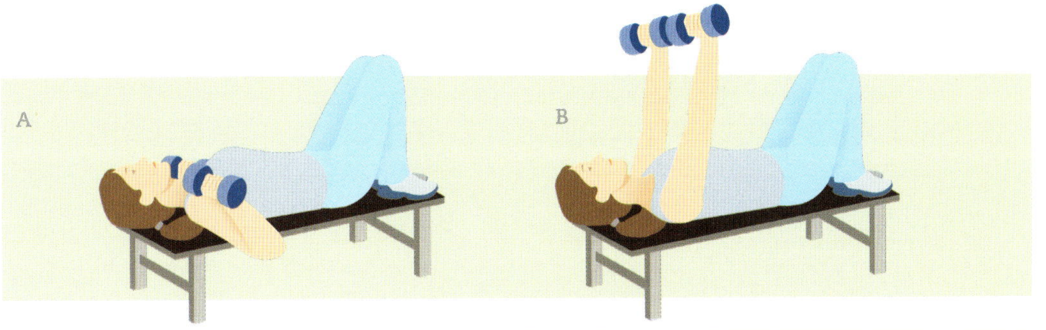

1. Nos tumbamos de espaldas sobre un banco con las rodillas dobladas y sosteniendo una pesa en cada mano a la altura del pecho, con las palmas mirando hacia arriba, y los pies y los codos hacia afuera (A). La cabeza debe estar en todo momento descansando sobre el banco.

2. Levantamos las pesas suavemente, procurando no bloquear los codos, hasta que queden rectas y paralelas por encima de la cabeza (B). Hay que evitar que las pesas se nos vayan hacia atrás, sobre la cabeza o la cara.

3. Recuperamos la posición de inicio descendiendo lentamente, sintiendo cómo se estiran los músculos del pecho según descienden los codos hasta el nivel del banco.

EJERCICIO DE FORTALECIMIENTO DE LOS MÚSCULOS RECTO Y OBLICUOS ABDOMINALES

Son las célebres abdominales, uno de los ejercicios más populares que existen. Con ellas tonificamos los músculos de la barriga.

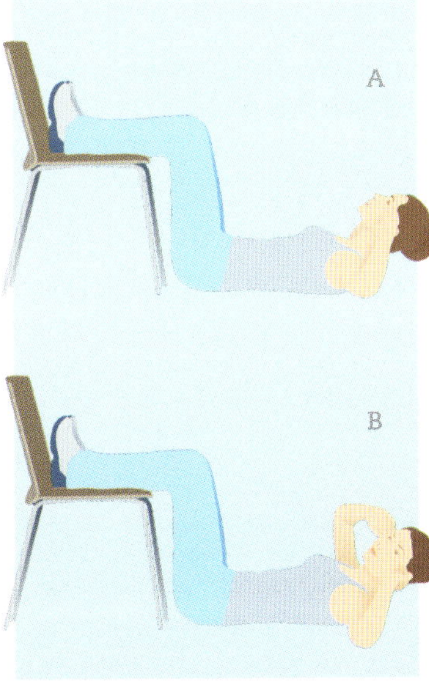

• Tumbados de espaldas en el suelo, con las pantorrillas apoyadas en el asiento de una silla, las rodillas flexionadas y los muslos en ángulo recto con el torso, colocamos las manos a la altura las sienes y soltamos el aire mientras levantamos la cabeza y los hombros, con el cuello alineado con la columna vertebral y la parte inferior de la espalda en el suelo (A). Es preciso mantener siempre tensos los abdominales. Inspiramos y recuperamos la posición inicial, sin apoyar la cabeza en el suelo.

Este ejercicio se completa trabajando los músculos oblicuos que definen los costados del abdomen. Para ello, una vez hechas las repeticiones del recto abdominal:

• Partimos de la posición de descanso del ejercicio anterior. Soltamos aire mientras nos incorporamos poco a poco con la cabeza y los hombros, girando la parte superior del cuerpo mientras dirigimos el hombro derecho hacia la rodilla izquierda. Mantenemos el cuello alineado con la columna y los codos hacia atrás, fuera de la línea de visión. Inspiramos y recuperamos la posición inicial, sin apoyar la cabeza en el suelo, y repetimos el ejercicio con el otro hombro (B).

Ejercicio de fortalecimiento de la parte inferior del recto abdominal

Este ejercicio trabaja la parte inferior del recto abdominal, una zona que puede quedar desatendida si sólo practicamos las abdominales clásicas. Para realizarlo:

1. Tumbados de espaldas con los brazos junto al cuerpo, alzamos las piernas con las rodillas flexionadas hasta que los muslos queden perpendiculares con la cadera y la parte inferior de la espalda se mantenga apoyada en el suelo (A).

2. Manteniendo en todo momento los abdominales tensos, levantamos ligeramente —un par de centímetros— la pelvis del suelo y acercamos las rodillas al pecho (B). A continuación descansamos la pelvis en el suelo y repetimos el ejercicio.

Ejercicio de elevación lateral de piernas para tonificar los músculos abdominales

El levantamiento de piernas desde una posición acostada nos permitirá estirar los tendones de la parte interior de las rodillas —las corvas— corvas, abdomen, caderas, tobillos, piernas y región lumbar.

1. Nos tumbamos sobre un costado, con un codo apoyado sobre el suelo y la cabeza apoyada en las manos (A).

2. Levantamos la pierna hasta dejarla en posición vertical (B) y a continuación la bajamos lentamente. Podemos hacer el mismo ejercicio con la espalda, las piernas y los glúteos bien apoyados en una pared. No hemos de doblar las rodillas y sí estirar mucho las puntas de los pies.

Ejercicio de flexión de piernas para tonificar los muslos y los glúteos

Con este ejercicio trabajamos tanto los músculos de la parte frontal de los muslos, es decir, los cuadriceps, como los de la parte posterior de los muslos y los glúteos. Para realizarlo:

1. Nos ponemos de pie con las piernas separadas a la altura de las caderas y las puntas de los pies hacia delante, con las manos en nuca o sienes y los abdominales tensos.

2. Sacamos pecho e inspiramos mientras doblamos las rodillas, manteniendo el cuello alineado con la columna, tirando los glúteos hacia atrás y hacia fuera de modo que las rodillas queden justo encima de los tobillos. Cuanto más nos agachemos, mayor será la intensidad del esfuerzo.

3. Soltamos el aire conforme recuperamos la posición inicial, sin acabar de extender las rodillas al hacerlo.

EJERCICIO DE ELEVACIÓN DE PIERNAS PARA TONIFICAR LOS MÚSCULOS ABDOMINALES

Este ejercicio implica un esfuerzo intenso tonificador de las abdominales. Para realizarlo:

1. Nos tumbamos boca arriba, con los brazos estirados sobre la cabeza. Mientras tomamos aire, apretamos la columna contra el suelo, de manera que obligamos a trabajar a los abdominales (A).

2. Levantamos el tronco apoyando las manos por detrás de la espalda y elevamos las piernas bien derechas. Volvemos a la posición inicial lentamente, soltando aire.

3. Levantamos las piernas estiradas hasta elevarlas por encima de la cabeza (B), echando el cuerpo hacia atrás hasta que los dedos de los pies toquen el suelo. Volvemos a la posición inicial con las piernas muy flexionadas, apretándolas contra el estómago, y luego las extendemos completamente.

EJERCICIO DE ELEVACIÓN DE PIERNAS CON MOLINILLO PARA TONIFICAR LOS MÚSCULOS ABDOMINALES

El levantamiento de piernas con molinillo es un ejercicio abdominal muy completo, en especial si lo acompañamos de los giros laterales para tonificar los costados.

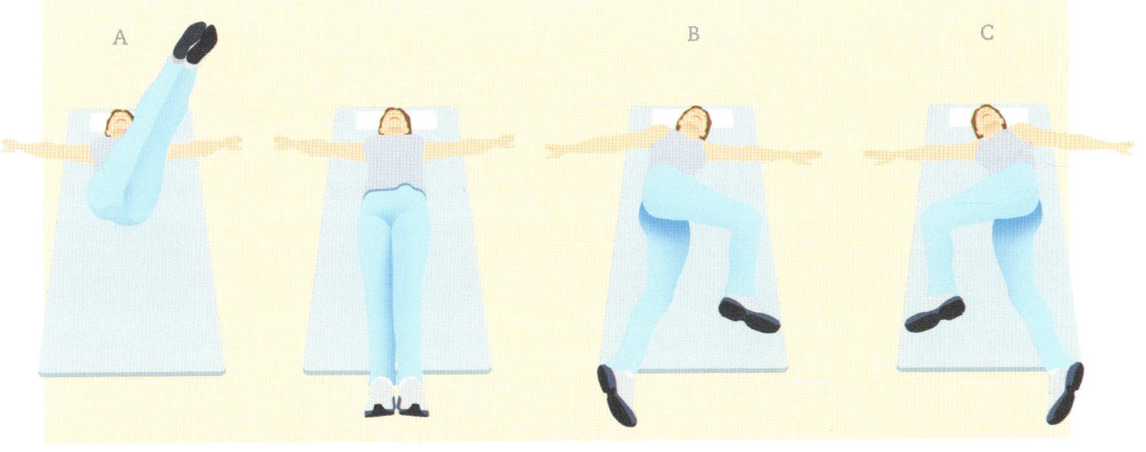

1. Con la espalda en el suelo y los brazos abiertos, levantamos las piernas y describimos lentamente una circunferencia en el aire con las piernas muy juntas, sin acercarnos a menos de 20 cm del suelo (A).

2. Evitaremos que la espalda se levante del suelo. Apoyados sobre el costado izquierdo, con la pierna izquierda estirada, flexionamos al máximo la derecha (B). Cambiamos de lado, doblando la pierna opuesta (C).

Ejercicio de elevación de piernas con rodillo para tonificar los músculos abdominales

En este completo ejercicio trabajaremos tanto la parte superior como la parte inferior de los músculos abdominales. Para realizarlo:

1. Nos tumbamos boca arriba, con las piernas flexionadas sobre el estómago (A).

2. Elevamos las piernas rectas hasta formar un ángulo de 90° con la espalda descansada completamente en el suelo (B).

3. Dejamos caer lentamente las piernas, notando la presión del descenso en las abdominales, hasta quedar completamente tendidos en el suelo (C).

4. Levantamos el cuerpo y lo doblamos hasta tocarnos la punta de los pies, flexionando las piernas (D).

Ejercicio de fortalecimiento y tonificación de muslos y abdominales

Este ejercicio está muy indicado para fortalecer muslos al tiempo que tonificamos la musculatura del abdomen. Para realizarlo:

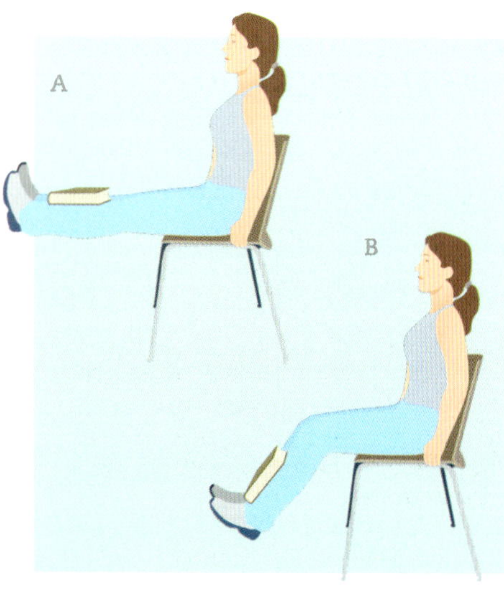

1. Nos sentamos en una silla con las piernas ligeramente separadas, colocamos un libro grueso sobre las espinillas y evitamos que se caiga elevando los pies. Para mantener el equilibrio podemos sujetarnos con las manos a la base del asiento (A).

2. Levantamos las piernas hasta que queden en línea recta con los muslos (B), flexionamos los cuadriceps en el punto de máxima tensión, antes de bajar las piernas, que se mantendrán siempre a unos centímetros del suelo para que la tensión sea continua.

Si elevamos las piernas por encima de la horizontal del asiento trabajaremos además de una manera muy efectiva los músculos abdominales, aunque este ejercicio revista cierta dificultad.

Ejercicio de tonificación de las caras interna y externa del muslo

Con estos ejercicios fortalecemos los importantes músculos abductores, tanto los internos como los externos. Para trabajar los de la cara interna de los muslos:

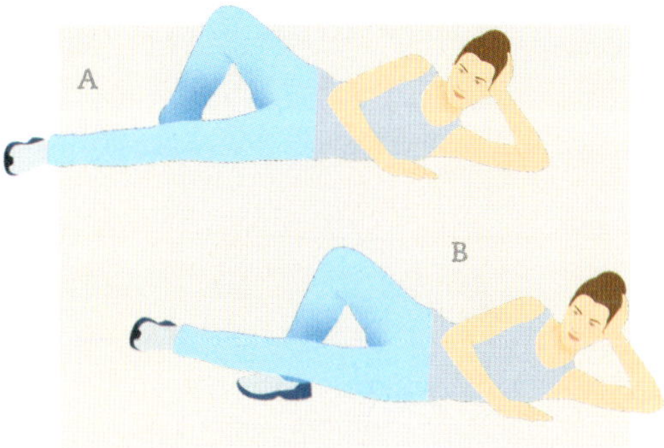

1. Nos acostamos en el suelo sobre un costado, con una pierna extendida y la otra flexionada y el pie de ésta apoyado en el suelo tras el muslo de la pierna extendida (A). Descansamos la cabeza en una mano y colocamos la otra delante para apoyarnos.

2. Con el cuerpo en línea recta, tensamos los abdominales y soltamos el aire mientras levantamos la pierna del suelo (B). Mantenemos la tensión unos segundos y soltamos al relajar, llevando la pierna casi hasta el suelo, pero sin tocarlo.

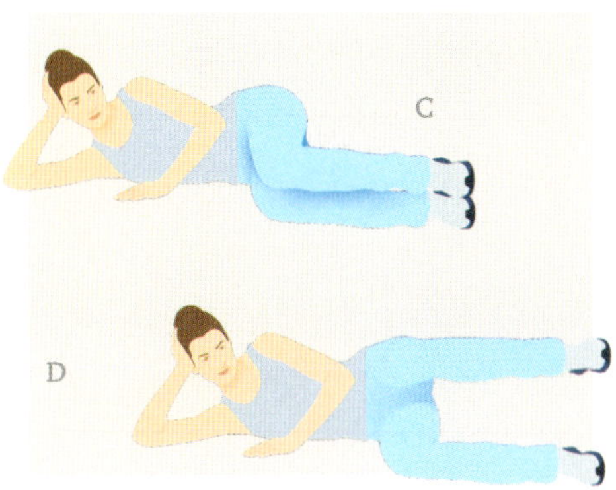

Para trabajar los abductores de la cara externa del muslo, que trabajan en oposición a los abductores en la cara interna:

3. Nos acostamos sobre un costado, con las piernas flexionadas y los muslos formando un ángulo recto con caderas y pantorrillas. Nos aguantamos la cabeza con una mano mientras que con la otra nos apoyamos en el suelo (C).

4. Tensamos los abdominales, flexionamos el pie de arriba y espiramos, levantando la pierna de arriba a la altura de la cadera, en paralelo a la otra. Mantenemos la posición unos segundos y tomamos aire mientras bajamos la pierna (D).

Ejercicio de fortalecimiento de cuadriceps y glúteos

Este ejercicio es muy intensivo en el esfuerzo concentrado en la parte frontal de los muslos. Es una práctica predilecta de esquiadores y otros deportistas que necesitan fortalecer especialmente los cuadriceps.

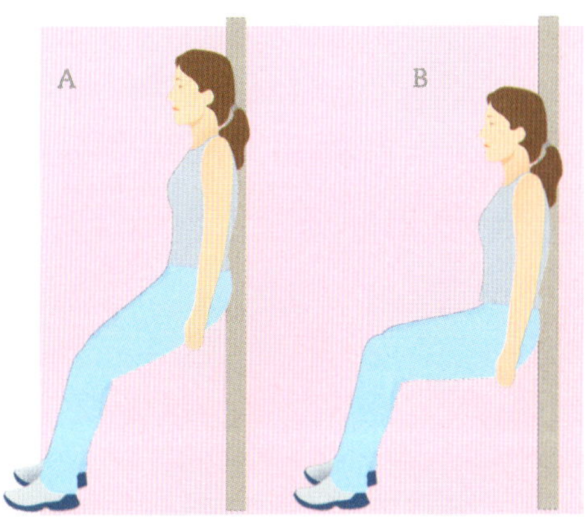

1. Nos colocamos de pie con la espalda recta apoyada contra la pared, las rodillas un poco dobladas y los pies algo avanzados, un poco más separados que la distancia de hombro a hombro (A).

2. Empezamos a descender lentamente deslizando la espalda por la pared hasta que los muslos queden paralelos al suelo (B). Hay que evitar que las rodillas sobrepasen los dedos de los pies, ya que se ejercería demasiada presión sobre las articulaciones. Mantendremos la posición el tiempo que nos sea posible.

Ejercicio de fortalecimiento de la parte anterior y posterior de los muslos

Para fortalecer los cuadriceps podemos combinar el ejercicio anterior con esta práctica más intensiva. Hemos de realizar el ejercicio con prudencia asegurándonos de que la rodilla que avanzamos no supere la vertical del pie, porque de otro modo generaríamos demasiada tensión en la articulación de la rodilla.

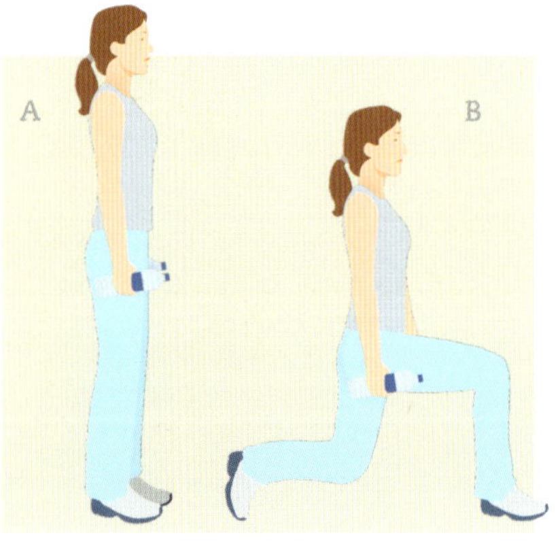

1. Nos colocamos de pie, con los pies separados paralelos a los hombros y un objeto pesado o mancuerna en cada mano (A).

2. Damos un paso con el pie derecho y bajamos el tronco hasta que la rodilla quede por encima del pie y el muslo paralelo al suelo. La pierna izquierda quedará estirada hacia atrás, con la rodilla ligeramente doblada y el talón izquierdo mirando hacia arriba (B).

3. Mantenemos unos instantes la posición y luego empujamos con la pierna derecha hacia atrás para volver a la posición inicial y hacer el ejercicio con la pierna izquierda.

Ejercicio de fortalecimiento del músculo espinoso dorsal

El músculo espinoso dorsal es el que desciende por la espalda. Para realizar estas extensiones de espalda:

1. Nos acostamos boca abajo con la frente apoyada en el suelo. Las piernas deben estar juntas y los brazos extendidos por encima de la cabeza (A). Inspiramos.

2. Manteniendo tensos los músculos abdominales, soltamos el aire mientras levantamos la cabeza, alzando al tiempo los hombros, los brazos y los pies del suelo (B). Inspiramos y recuperamos la posición inicial.

El nivel de dificultad de este ejercicio es elevado. Al practicarlo debemos realizar movimientos leves y no forzar la posición. Es suficiente con que alcemos las extremidades sólo unos centímetros del suelo. Podemos practicar una variante más sencilla de este ejercicio colocando las manos a la altura de la cabeza y apoyándonos en ellas mientras levantamos la cabeza y los hombros del suelo.

Ejercicio de contracción y tonificación de los glúteos

Este ejercicio es muy recomendable para trabajar la musculación de los glúteos. Para realizarlo:

1. Nos acostamos de espaldas sobre una colchoneta con las piernas abiertas a la altura de las caderas y las rodillas dobladas. Las piernas deben quedar paralelas a los hombros (A). Inspiramos.

2. Apretando los pies, levantamos las nalgas del suelo al tiempo que soltamos el aire. Debemos empujar la pelvis hasta que quede a la altura de los muslos y el tronco.

3. Mantenemos la posición apretando los glúteos durante unos instantes (B) y a continuación recuperamos lentamente la posición inicial mientras tomamos aire.

Ejercicio de fortalecimiento de los músculos gemelos

Este ejercicio es el más efectivo para concentrar el esfuerzo en trabajar los músculos de las pantorrillas. Para realizarlo:

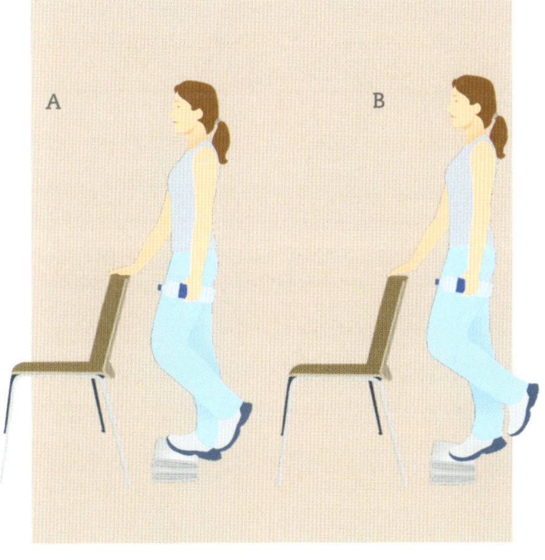

1. De pie con la espalda erguida y aguantando un peso con la mano izquierda, con la palma mirando hacia adentro, nos apoyamos con la mano derecha en el respaldo de una silla para mantener el equilibrio mientras sostenemos nuestro peso sobre la parte anterior de la planta del pie derecho, que estará apoyada sobre un peldaño o unos cuantos libros gruesos.

2. Levantamos el pie izquierdo y lo llevamos hasta la pantorrilla derecha y bajamos el talón derecho tanto como nos sea posible, sintiendo cómo se estiran los músculos gemelos (A).

3. Aguantando el peso con los gemelos, nos sostenemos sobre la punta de los dedos del pie derecho, mantenemos unos instantes esta posición (B) y luego volvemos lentamente a la inicial. Hacemos las repeticiones y cambiamos de lado.

Parte IV
Correr mejor y competir

CAPÍTULO 10

Desarrollar la resistencia

En la preparación para correr entran en juego varias capacidades físicas. No es lo mismo correr para ser capaz de superar una distancia de 42 kilómetros, que hacerlo a un ritmo determinado para cruzar la meta por debajo del tiempo que nos hayamos propuesto. En el primer caso hablamos de resistencia, en el segundo hablamos de fondo. Para un entrenamiento completo un corredor no sólo debe mejorar estas dos habilidades, sino también su flexibilidad y su velocidad.

En los libros editados en español traducidos del inglés o del francés existe a veces cierta confusión en el uso del término «resistencia», pues se aplica tanto al tipo de entrenamiento aeróbico que nos permitirá realizar la carrera durante tantos kilómetros sin que la musculatura se resienta, como al entrenamiento anaeróbico imprescindible para mejorar nuestro «fondo», esto es, a la capacidad para realizar un ejercicio intenso durante un período prolongado, pudiendo mantener el ritmo medio durante el esfuerzo. La confusión procede del hecho de que, en otras lenguas, para distinguir la resistencia como aguante de la resistencia como fondo, el término «endurance» forma una pareja de términos junto con «resistance», que en español son a menudo traducidos con la misma palabra: «resistencia». En esta obra hablamos de «resistencia» para referirnos a la *endurance*, que requiere un entrenamiento aeróbico y se consigue no sobrepasando las pulsaciones medias de cada atleta, y empleamos la palabra «fondo» para hablar de la *resistance*, un tipo de resistencia sostenida que implica adaptar el organismo con entrenamiento anaeróbico, esto es, «con deuda de oxígeno».

Ritmo de entrenamiento y ritmo de carrera

El ritmo al que corre una persona lo determinan varios factores. El factor más importante es su estado de forma cardiovascular, pero no es el único, pues depende también de otros como la longitud de la zancada, la constitución física o la potencia muscular que afecta a su vez a la tasa de rotación o número de zancadas que se dan a lo largo de una cierta distancia.

Como dijimos en el primer capítulo, como el ritmo de entrenamiento debe ser el que le resulte más cómodo y natural, su mejor medida será al ritmo de conversación. Es decir, un ritmo óptimo de entrenamiento debería permitirle correr mientras habla sin dificultad. Así que cuando entrene a su ritmo medio descarte los entrenamiento en cuesta o el entrenamiento de intervalos.

Para acabar una maratón necesitamos tener resistencia a la fatiga, es decir, ser capaces de realizar un esfuerzo prolongado de baja intensidad. Para acabarla con buen tiempo necesitamos fondo, la capacidad para realizar un esfuerzo intenso durante un tiempo prolongado, y manteniendo el ritmo de esfuerzo.

Caminar forma parte de la preparación para correr. Muchas de las fases de calentamiento, descanso o enfriamiento, todas ellas esenciales, pueden realizarse caminando a un ritmo más o menos vivo.

Para cifrar su ritmo de entrenamiento calcule el número medio de minutos que tarda en recorrer 1 km. En el running las marcas no se cuentan por kilómetros a la hora, sino por minutos el kilómetro.

Para determinar su ritmo de entrenamiento, establezca un circuito que tenga la misma distancia que la que recorrería durante una carrera normal, corra a su ritmo de conversación y cronometre cuánto tarda en recorrer la ruta. Si por ejemplo su ruta es de 11 km, divida el tiempo entre 11 para obtener su ritmo medio de entrenamiento. Así, si completar el recorrido de 11 km le lleva 70 minutos, puede estimar que está entrenando a 6:36 minutos por kilómetro.

Su ritmo de carrera puede ser ligeramente más rápido que el de entrenamiento. Puede tomar como orientación la siguiente regla: que el ritmo de carrera sea unos 35 segundos más rápido por kilómetro que el ritmo de entrenamiento. Así

Terminología del ritmo de carrera

En el mundo del atletismo se emplean una serie de términos, a menudo representados con sus abreviaturas, para las diferentes maneras de correr dependiendo de la velocidad y ritmo cardíaco.

Trote (T). Correr muy despacio, a ritmo que permite ir hablando con tranquilidad. El pulso se mantiene estable. Al trote también se hace la recuperación entre series, por eso REC suele significar los minutos de trote antes de la nueva aceleración.

Rodaje (R). Correr a ritmo fácil o de conversación, pero mayor que el trote, pues ya no es recuperación sino entrenamiento e implica cierta sensación de esfuerzo. Las abreviaturas RA y RF significan, respectivamente, rodaje alegre, cuando hablar ya no es tan fácil, y rodaje fuerte, que se reserva a las sesiones en que el pulso llega al umbral.

Fartlek (F). Sesión de cambios de ritmo, no todos iguales sino por sensaciones, dependiendo del terreno que afrontemos.

Progresivos (P) o rectas. Aceleraciones de 50 a 100 metros corriendo fuerte pero de forma controlada hasta la mitad de la distancia y luego decelerando progresivamente hasta el final. No hay que correr al máximo como en el sprint, pero sí llegar un 80 por ciento del ritmo máximo en los metros centrales.

Ritmo objetivo (RO). Es ritmo al que pensamos correr la carrera. Si no hemos corrido nunca la distancia hemos de estimarlo basándonos en el ritmo de alguna carrera distancia inferior, con las correspondientes rectificaciones.

Ritmo competición (RC). Correr al ritmo de máxima exigencia de la competición que estamos preparando.

Técnica de carrera (TC). Ejercicios para mejorar la eficiencia de la carrera. Los realizamos en una recta de 30 metros, recuperamos la vuelta al trote muy suave y sólo se hace una repetición de cada ejercicio. Por ejemplo: saltos cortos, skiping normal, skiping por detrás, zancada corta elevando una sola rodilla, impulsiones, saltos de rana o correr de punteras sin doblar rodillas.

Entrenamiento en cuestas (EC). Tiempo dedicado a correr subiendo pendiente, ya sea haciendo repeticiones sobre una misma cuesta o durante un recorrido por colinas. La cuesta ha de tener una pendiente relativamente alta para ser considerada como tal.

Series (S). Correr varias repeticiones de distancias cortas de 400 metros a un ritmo entre un 10 y un 15 por ciento superior a nuestro ritmo objetivo. Pueden ser series largas y cortas. La recuperación es la misma distancia de la serie al trote.

Calentamiento (C). Trotar o correr durante 10 o 15 minutos a ritmo suave.

Enfriamiento (E). Trotar o correr durante 5 minutos a ritmo suave. Hacer ejercicios de estiramiento.

Intervalos aeróbicos (AIT). Repeticiones cronometradas de 2 a 3 minutos, ligeramente más rápidas que el ritmo habitual de entrenamiento: lo suficiente como para acelerar la respiración pero sin llegar a trabajar anaeróbicamente. Trote suave después de cada repetición hasta recuperarse para iniciar un nuevo intervalo.

pues, si corre a 6:36 minutos por kilómetro mientras entrena, su ritmo de carrera debería ser de 6:00 minutos. Como referencia tenga en cuenta que para correr un maratón por debajo de las cuatro horas es preciso recorrer cada uno de los 42,195 km a un ritmo de 5:60 minutos.

La frecuencia cardiaca objetivo

La intensidad del ejercicio que llevemos a cabo tiene un efecto directo sobre la frecuencia de bombeo de nuestro corazón. Está claro que cuanto mayor sea la intensidad, mayor será la frecuencia cardiaca. Para obtener beneficios cardiovasculares del ejercicio aeróbico sin correr riesgos innecesarios, conviene evitar los ejercicios aeróbicos con sobreesfuerzo que nos hagan funcionar constantemente a una intensidad alta. Para ello debemos conocer los umbrales ideales de

nuestro ritmo cardiaco. Existe una fórmula general que nos permite calcular la frecuencia cardiaca objetivo de un individuo. Es la siguiente: 220–edad x 60% para la mínima, y 220–edad x 90% para la máxima. Por ejemplo, si usted tiene cuarenta años, su horquilla de ritmo cardíaco se puede calcular de esta manera: 220–40 = 180 / 180 x 0,60 = 108 / 180 x 0,90 = 162. Esto significa que cuando una persona de cuarenta años hace ejercicio aeróbico, el extremo más bajo de su corazón debe ser 108 latidos por minuto y en el extremo superior no debería superar los 162 latidos por minuto.

Por supuesto, esta fórmula es sólo una orientación, ya que la frecuencia cardiaca también depende de otras variables, como el tipo de ejercicio o el equipo utilizado. Pero en cualquier caso, si comprobamos que nuestro ritmo cardíaco supera el límite que nos indica esta fórmula, será prudente que bajemos la intensidad y revisemos nuestra rutina de ejercicios aeróbicos.

El calentamiento

Lo primero es empezar con calentamiento, independientemente del tipo de actividad que se vaya a realizar a continuación. Durante el calentamiento «calentamos» los músculos y tendones al elevar su temperatura incrementando la circulación sanguínea. Este paso previo es fundamental para empezar el entrenamiento sin lesionarnos o rendir al máximo en la competición. Los músculos trabajan con menor eficiencia y se lesionan más fácilmente en frío, pues carecen del flujo sanguíneo necesario para realizar su labor. Por ello el calentamiento debe considerarse como el entrenamiento para el entrenamiento.

Su ritmo para el calentamiento debería ser un 40 por ciento de su frecuencia cardiaca máxima o un nivel 5 de su tasa de esfuerzo percibido, que corresponde con un esfuerzo de suave a muy suave. Una sesión de calentamiento clásica empieza con de tres a cinco ejercicios de estiramientos, sin forzar, sigue con unos 10 minutos de trote muy suave, casi andando, y termina en el momento en que se rompe a sudar o, si el clima es muy frío, a notar calor.

Para corredores experimentados que realicen calentamiento antes de una competición, se puede añadir técnica de carrera, con cinco o seis ejercicios de tobillo, y alguna progresión de unos 50 metros.

Si es antes de una competición, además de preparar sus músculos, el calentamiento le ayudará a relajarse: mientras calienta y estira, su mente se concentra en la prueba, el nerviosismo desaparece y con él sus consecuencias negativas, dejándolo a punto para la señal de salida.

EJERCICIOS DE ROTACIÓN PARA CALENTAR LAS ARTICULACIONES

Para evitar torsiones o movimientos bruscos que desemboquen en lesiones hemos de acostumbrar nuestros músculos y articulaciones al esfuerzo al que vamos a someterlos. En las sesiones de calentamiento es básico realizar estas cuatro rotaciones:

1. Rotación de cuello: giramos la cabeza y el cuello suavemente, sin mover los hombros, haciéndola pasar por los cuatro puntos cardinales: pecho, hombro derecho, atrás y hombro izquierdo. Repetimos el ejercicio en sentido contrario (A).

2. Rotación de tronco: de pie, con las piernas separadas y las manos en la cintura, dibujamos lentamente con la pelvis una circunferencia completa, hacia delante, hacia el lado derecho, hacia atrás y hacia el lado izquierdo (B).

3. Rotación de caderas: tumbados en el suelo boca arriba, con las dos piernas levantadas formando un ángulo recto (C), rotamos las caderas moviendo las piernas hacia delante y hacia atrás (D).

4. Rotación de rodillas: de pie y con los pies un poco separados, flexionamos las rodillas y apoyamos las manos sobre ellas para iniciar un movimiento de rotación: hacia la derecha, hacia delante y hacia la izquierda (E).

Técnica de carrera

La técnica de carrera consiste en una serie de ejercicios con diferentes formas de correr pensadas para lograr determinadas mejoras, como la potenciación de las extremidades inferiores o superiores o la corrección de defectos concretos. Con ellos se trabaja la musculatura del tobillo, preactivándolo para la carrera. Los ejercicios deben hacerse en estado de fatiga, es decir, una vez acabado el rodaje, y sobre una superficie blanda, como hierba o tierra y lo más llana posible. La distancia recorrida en cada ejercicio puede oscilar entre los 10 metros de los principiantes y los 50 metros de los expertos.

Carrera lateral. Correr con los brazos hacia delante y hacia atrás a la vez, coordinados con cada salto. Dar saltos laterales, tocándose los tobillos en el punto más alto.

Zancada corta. Correr elevando una sola rodilla, luego cambiar. Coordinar bien con el movimiento de brazos, llevando el codo hacia atrás lo máximo. Completar cada mitad del recorrido elevando una sola pierna.

Multisaltos. Son muy útiles para potenciar los músculos de las piernas que intervienen en la fase de impulso. Correr de puntera dando saltos cortos, sin apenas flexionar la rodilla e impulsando sólo con el tobillo, tirando más hacia arriba que hacia delante. Otros saltos cortos se realizan elevando una rodilla alternativamente en cada zancada.

Andar de puntillas. Andar de puntillas hacia delante, hacia dentro y hacia fuera. Dar pasos muy cortos, elevando al máximo los talones. Se realizan tres variantes: la primera con la punta de los pies hacia delante, la segunda con la punta de los pies hacia fuera y la tercera con la punta de los pies hacia dentro.

Andar de talones. Andar de talones hacia delante, hacia dentro y hacia fuera. Dar pasos muy cortos, elevando al máximo las puntas de los pies. Se realizan tres variantes: la primera con la punta de los pies hacia delante, la segunda con la punta de los pies hacia fuera y la tercera con la punta de los pies hacia dentro.

Skipping. Sirve para aumentar la agilidad de las piernas y los pies. Hay diversos modalidades: el normal consiste en correr tirando de brazos, con los codos flexionados, elevando mucho las rodillas, con mucha frecuencia y sin apenas avanzar: en el skipping por detrás se corre echando ligeramente el tronco hacia delante y tocando con los talones en los glúteos; en el skipping adelante se corre tirando de brazos, con los codos flexionados, elevando mucho las rodillas, con mucha frecuencia y sin apenas avanzar, y llevando los pies hacia delante; y en el skipping medio, tirando fuerte de brazos y elevando las rodillas, con mucha frecuencia de brazos y sin apenas avanzar.

Correr de puntillas tirando de brazos. Correr de puntillas sin apenas flexionar las rodillas, llevando los pies hacia delante y tirando mucho de los brazos hacia atrás.

El trabajo continuo

Cuando nos planteamos por primera vez correr una carrera de larga distancia, nuestro primer objetivo debe ser acabarla. Llegar a la meta de los 10.000, de la media maratón o de la maratón antes de que la cierren, sin importarnos el registro de tiempo que hayamos hecho. La primera etapa del entrenamiento de un corredor, los cimientos de su condicionamiento físico, es por lo tanto la mejora de las funciones cardiovasculares, los sistemas de transporte de oxígeno y los intercambios gaseosos. A este tipo de entrenamiento se le denomina trabajo continuo. Su finalidad es desarrollar la capacidad de aguantar o seguir corriendo sin parar durante mucho tiempo.

Para que un principiante inicie sin riesgos este entrenamiento básico es preciso que aprenda escuchar a su organismo y haya tomado previamente conciencia de cuál es su estado de forma y cuáles son sus objetivos. Esta toma de conciencia, como dijimos en el primer capítulo de esta obra, se realiza me-

diante el control de la frecuencia cardiaca, es decir, de las pulsaciones por minuto. Si no dispone de un aparato preciso, puede obtener fácilmente este dato aplicando el extremo de los dedos a la región del corazón, al nivel de la arteria radial (parte anterior de la articulación de la muñeca) o a la altura de la arteria carótida (uno de los dos lados de la garganta, bajo la mandíbula). Para obtener una medida significativa de la frecuencia durante el esfuerzo, tome la frecuencia cardiaca inmediatamente después del esfuerzo sin sobrepasar 10 segundos el tiempo de medición y luego, para obtener el número de latidos por minuto, multiplique por 6 la cantidad obtenida. Tomar las pulsaciones en un corto lapso de tiempo evitará que la recuperación inmediata tras detener el esfuerzo distorsione el resultado de la medición al hacer disminuir la frecuencia de los latidos.

La resistencia es la cualidad fisiológica qué permite al organismo efectuar un esfuerzo de escasa intensidad durante un intervalo de tiempo prolongado. Se puede desarrollar fácilmente a cualquier edad, sin correr ningún riesgo orgánico. Basta, en efecto, con efectuar esfuerzos de poca intensidad durante intervalos cada vez más prolongados. El aporte de oxigeno compensa exactamente el gasto, y se habla entonces de equilibrio de oxígeno o de aerobia. En este tipo de entrenamiento el ritmo cardíaco se mantiene por debajo de las 130 pulsaciones por minuto por lo que el corredor debería poder proseguir indefinidamente en su esfuerzo cardiovascular si no fuera por la intervención de otros factores.

El trabajo continuo lento será el principal sistema de entrenamiento del principiante, antes de orientarse hacia otro sistema más exigente. Este entrenamiento debe hacerse sin forzar la máquina, es decir, moviéndonos entre el 50 y el 70 por ciento de nuestra frecuencia cardiaca máxima. El número de sesiones en esta primera fase de entrenamiento será de 3 a 4 sesiones por semana, o una cada dos días para dar tiempo a una mejor recuperación. La duración de la sesión debe sobrepasar un cuarto de hora con el fin de provocar las reacciones fisiológicas favorables.

El progresivo aumento de la resistencia mediante el trabajo continuo está al alcance de todos. Con las sesiones de entrenamiento adecuadas y con el descanso conveniente entre sesiones, la mayoría de los corredores pueden mejorar la resistencia de forma espectacular en un par de semanas. Un corredor novato puede aumentar sin excesivo esfuerzo su resistencia unos 15 minutos por semana. Si este corredor novato inicia un programa de entrenamiento para la maratón con una capacidad para correr, a su ritmo, durante unos 30 minutos, al cabo de dos semanas de entrenamiento será capaz de correr durante una hora, y en algo más de tres meses durante el tiempo necesario para completar una maratón.

Mirar o no mirar el reloj mientras se corre es la señal que marca un antes y un después en la vida de un corredor. Para quienes empiezan a correr, el reloj sólo marca las horas. Pero una vez nos hayamos fijado un objetivo de tiempo, todo el entrenamiento girará en torno a él.

El trabajo continuo lento para mejorar el aguante o resistencia representa más de un 80 por ciento del entrenamiento, empleado fundamentalmente en la carrera larga. En el corredor experimentado, esta carrera es la salida más importante de la semana (entre 2 y 3 horas), que se realiza normalmente durante el fin de semana y al día siguiente de una sesión intensa de trabajo a intervalos.

LA CARRERA LARGA

El principal objetivo de cualquier corredor de fondo es «conquistar la distancia». Para ello el principal ejercicio de que dispone es la carrera larga, lenta y continua, que es la auténtica esencia de su entrenamiento. La distancia recorrida durante una carrera larga es relativa, pues depende de en qué parte del programa de entrenamiento se encuentre el corredor. Para alguien que empiece, una distancia razonable para la carrera larga son unos 5 km realizados en aproximadamente media hora, es decir, a un ritmo de 6:45 (6 minutos y 45 segundos por kilómetro). En estas carreras de ritmo sostenido y larga duración, la intensidad es baja y continua, sin recuperación durante el esfuerzo, la frecuencia cardiaca está comprendida entre 120 y 160 pulsaciones por minuto.

El objetivo de cualquier carrera larga es resistir más tiempo corriendo, por ello se realizan a un ritmo moderado o lento. Las carreras largas rápidas son el error de entrenamiento más común entre los corredores principiantes. Con ellas sólo consiguen lesionarse o cansarse más de la cuenta, afectando al siguiente entrenamiento. En verdad no se necesita correr más rápido para alcanzar el cometido de la carrera, por lo tanto no tenemos por qué arriesgarnos a sufrir una lesión o a agotarnos con el ritmo de carrera. La carrera larga debe ir creciendo en distancia y kilómetros recorridos de manera gradual. Al mes de empezar podemos estar corriendo una distancia de 10 km para las carreras de 1 hora de duración. Si nos entrenamos para una maratón, al cabo de cuatro meses nuestras carreras largas serán de 39 km.

Alargando gradualmente las carreras lentas largas, favorece la resistencia orgánica general, incrementando el número de capilares del sistema sanguíneo para llevar oxígeno, a la vez que estimula al organismo a mejorar la eficacia de la eliminación de los productos de desecho. Con ello los músculos pueden trabajar a su máxima capacidad durante una distancia mayor. Estas mejoras le ayudan a seguir hasta el final: estará cansado, pero fuerte. Estos rodajes además acostumbran al músculo a usar los lípidos como combustible, pues durante la carrera larga se oxida totalmente el material energético: carbohidratos y grasas, con gran rentabilidad, pero más lentamente.

CAPÍTULO 11

Desarrollar el fondo

Si ha estado corriendo largas distancias durante meses es probable que sea capaz de «acabar» una maratón. Las carreras de larga distancia requieren básicamente haber trabajado la resistencia a la fatiga orgánica y muscular. Ser capaz de correr 42,195 km es un reto. Ahora bien, una vez superado, puede desee afrontar un objetivo no ya de distancia, sino de tiempo, o dicho de otro modo, quizá desee cruzar la meta de su próxima maratón por debajo de un tiempo determinado.

Para afrontar el nuevo reto es preciso dar un salto cualitativo en el tipo de entrenamiento, porque además de la resistencia, vamos a tener que desarrollar la capacidad de mantener un buen ritmo fijo durante toda la carrera. Es el momento de iniciar un entrenamiento de fondo, que se define como la capacidad de efectuar un esfuerzo bastante intenso durante un intervalo de tiempo más o menos largo. Esta cualidad es mucho más difícil de desarrollar.

La diferencia con el entrenamiento de resistencia radica en la intensidad del esfuerzo, y por ende en el tipo de combustible empleado: si en el trabajo continuo lento el organismo trabaja aeróbicamente, siguiendo el ritmo ideal de la respiración, en el entrenamiento de fondo es preciso introducir periodos de trabajo en estado anaerobio, durante los cuales nuestro organismo produce la energía necesaria para el trabajo muscular con un aporte insuficiente de oxígeno. El aporte de oxígeno ya no suficiente para compensar el consumo y se produce entonces deuda de oxígeno o anaerobia, lo que se traduce en la acumulación de ácido láctico que tiende a acidificar e intoxicar el organismo.

Las sesiones que desarrollan el fondo introducen el factor velocidad en su entrenamiento. Durante estas sesiones trabajamos entre el 70 y el 90 por ciento de nuestro esfuerzo máximo. Son sesiones muy exigentes con nuestro organismo, pues como queda dicho implican «deuda de oxígeno». Por ello no deben sobrepasar de un 15 a un 20 por ciento del tiempo total de entrenamiento y sólo son indicadas para corredores con suficiente periodo de rodaje, que hayan entrenado la resistencia de manera progresiva y prudente. Es importante insistir en que el entrenamiento de fondo sólo se debe iniciar una vez hayamos consolidado la primera fase del entrenamiento, y nos sintamos capaces de aguantar corriendo durante horas. Esta norma hay que respetarla, pues mal dirigido, este entrenamiento puede pues provocar serias perturbaciones orgánicas. Tenga presente que mientras que el ejercicio aeróbico tiene la propiedad de ampliar la

Las dificultades del terreno urbano son ideales para incluir en las ruta de entrenamiento de intervalos o de fartlek. Gracias a ellas podamos reproducir los retos naturales del relieve propios de las rutas por la naturaleza.

Incluso los corredores experimentados aumentan su riesgo de lesión cuando introducen el entrenamiento de velocidad. Preste atención a cualquier debilidad y detenga el entrenamiento ante el menor síntoma de lesión.

La velocidad del fondista

Sabemos que el trabajo de la velocidad no es prioritario para el maratoniano. Sin embargo, es muy probable que después de entrenar de manera constante durante mas de un año, un corredor sienta que sus resultados se estancan. Su ritmo ha alcanzado un determinado límite y correr distancias más largas ya no mejora la velocidad. Llegados a ese punto, si lo que desea es correr más en menos tiempo, mejorar su marca, tendrá que incorporar ejercicios de cadencia y aceleración a su programa de entrenamiento. Sin estos ejercicios, es probable incluso que los entrenamientos de fortalecimiento tengan un efecto contrario al pretendido y hagan más lento el paso de carrera. Los ejercicios de cadencia ayudan a mejorar la rotación de piernas y pies, y con los de aceleración trabajamos de velocidad en segmentos muy cortos. Con ellos mejorará la mecánica e iniciará los cambios fisiológicos internos en los músculos, preparándolos para la mayor exigencia del entrenamiento de velocidad.

capacidad cardiaca, el anaeróbico tiende a hipertrofiar las paredes del corazón al desarrollar el músculo, lo que provoca el efecto contrario de aceleración del ritmo cardiaco.

La velocidad tiene un riesgo, también cuando vamos a pie. Para trabajarla atienda los consejos de prevención de lesiones y sea progresivo y prudente. Durante las sesiones de velocidad existe mucha mayor probabilidad tanto de lesiones como de accidentes cardiovasculares, que durante el trabajo continuo lento propio de la carrera larga, que se corre a ritmo de respiración.

EJERCICIOS PARA AUMENTAR EL FONDO

Una vez que nuestro cuerpo haya desarrollado suficientemente su capacidad de resistencia, mediante la práctica continuada de la carrera larga a ritmo lento, será el momento de introducir otro tipo de ejercicios orientados hacia el desarrollo de la capacidad de fondo. Esta capacidad debe permitirnos correr con mayor rendimiento, moviendo las piernas más rápido de lo normal y preparándonos para cruzar las metas por debajo de un tiempo determinado que nos hayamos marcado como objetivo.

Existen varios ejercicios que nos ayudarán en esta fase de nuestro entrenamiento, como las series y repeticiones de medias y largas distancias, los entrenamientos en pendiente, los cambios de ritmo o las carreras con ritmos fuertes o de competición. Estos ejercicios son fundamentales para potenciar la potencia aeróbica y elevar el umbral aeróbico, lo cual quiere decir que, sin necesidad de entrar en estado anaeróbico, podremos aumentar el esfuerzo y la intensidad de nuestra carrera para mejorar las marcas personales. Gracias a ellos nuestro organismo se acostumbra a reciclar el lactato, y debido a la mayor demanda de oxígeno, el corazón crece y se fortalece y aumenta la eficacia cardiovascular.

Los cambios de ritmo

Hacer cambios de ritmo durante el ejercicio para lograr un bombeo máximo del corazón. Los cambios de ritmo son juegos de velocidad y de ritmos controlados durante el rodaje. En los que se corre sobre terrenos variados intercalando ritmos con distintas frecuencias e intensidades. El tiempo que somos capaces de ejercer una actividad rítmica manteniendo un buen control respiratorio es la variable que determina nuestra buena forma aeróbica.

Durante el ejercicio, para que el cuerpo pueda resistir la actividad física y el esfuerzo que se realiza, las glándulas suprarrenales liberan adrenalina, la hormona que hace latir más rápido y con mayor vigor el corazón. Esta hormona cumple otras dos funciones relacionadas: ensancha las vías respiratorias, facilitando la respiración, y estrecha los vasos sanguíneos intestinales y cutáneos, de modo que la sangre pueda destinarse a los músculos que más la necesitan. Todo este proceso vincula el buen nivel de resistencia física con un estado cardiovascular óptimo, ya que los periodos de desarrollo de la actividad aeróbica serán más o menos largos y los signos de cansancio serán más o menos acusados según el estado de salud de nuestro corazón, pulmones y sistema circulatorio.

Para mejorar la resistencia cardiorrespiratoria se debe variar la intensidad del ejercicio, realizando frecuentes cambios de ritmo y nivel de exigencia, para lograr un bombeo máximo del corazón. El corazón que entrena a intervalos, aumentando y reduciendo su intensidad, trabaja mucho más que el que mantiene siempre el mismo nivel. El entrenamiento en pendiente y el fartlek son casi tan efectivos como el entrenamiento de intervalos para incrementar su ritmo de carrera.

Las «explosiones» de esfuerzo duras y anaeróbicas no pueden durar más de 3 minutos, ya que éste es el límite fisiológico de todo el mundo, desde los principiantes hasta los atletas olímpicos: cuando se corre en esa situación llamada «deuda de oxígeno» los desechos de glucógeno se acumulan rápidamente en las células, tensando los músculos y haciéndole respirar pesadamente, de modo que antes de alcanzar los 180 segundos de carrera anaeróbica se verá forzado a desacelerar significativamente o parar. Tras el tramo duro, realice una carrera de recuperación a ritmo lento que le permita volver a su ritmo de conversación (60 por ciento de su frecuencia cardiaca máxima o nivel 6 de su tasa de esfuerzo percibido).

Series y repeticiones

Para entrenar las series y repeticiones lo ideal es una pista de atletismo al aire libre, pero también puede medir 400 metros en un sendero liso o una calle lateral. Las repeticiones de 400 metros se corren a un ritmo más rápido que el ritmo de maratón. Realice las repeticiones en series de cuatro, es decir 12 o 16

Las cuestas favorecen la capacidad de rendimiento de nuestros músculos. Realizar unas cuantas series de cuestas va a resultar más efectivo para fortalecer sus piernas para correr mejor que cualquier otro ejercicio o equipamiento.

repeticiones por sesión, con 2 minutos de descanso entre repeticiones y 5 minutos de trote ligero entre series. Esto equivale a recorrer entre 5 y 7 kilómetros por sesión. Con este tipo de ejercicio las piernas se acostumbran a ir más rápido que en las carreras largas, pero no en una distancia o tiempo largo.

Empiece calentando con un trote suave durante 10 minutos y estiramientos. A continuación corra las repeticiones cronometrando. Su velocidad debe ser constante, contrólela cada 200 metros para asegurarse. Al final de la repetición, detenga el reloj y mire el tiempo: si marca 2 minutos o algo más, es un buen ritmo; si marca 1:50 es que ha ido demasiado rápido. No empiece demasiado rápido; tenga en cuenta que está en una sesión de acumulación y que el objetivo es correr la última serie al mismo ritmo que la primera. Sincronice de nuevo el reloj y trote o camine hacia la línea de salida mientras se recupera durante 2 minutos. Cuando los 2 minutos estén a punto de terminar, colóquese en la línea de salida, vuelva a poner a punto el cronómetro y empiece. Finalizada la última repetición de 400 metros, trote durante 10 minutos para recuperarse y la sesión habrá terminado.

Carreras a ritmo

Este tipo de carreras son esenciales sesiones para obtener fondo. En ellas combinamos la resistencia que hemos adquirido al realizar carreras largas con el rendimiento logrado con las repeticiones de 400 metros. Las carreras a ritmo nos ayudan a consolidar el ritmo que nos hayamos propuesto seguir en la carrera. Debe ser algo más acelerado que este ritmo, para que durante la carra nos

Manteniendo un ritmo de 7:00 (7 min/km) cualquier principiante con un poco de dedicación podrá acabar su primera maratón en menos de cinco horas. ¿No le parece asequible?

sintamos más seguros y cómodos. Será un ritmo intermedio entre el ritmo lento al que corremos las carreras largas y el ritmo alto al que corremos las series o repeticiones.

Escoja una buena superficie y empiece calentando a trote durante 10 minutos. Haga estiramientos y póngase a correr a ritmo de carrera. Si nos estamos entrenando para correr una maratón en unas 4 horas, nuestro ritmo el día de la carrera tendrá que ser de unos 5:60 por kilómetro. En tal caso las carreras a ritmo deberá correrlas a 5:50 por kilómetro. Recorra una distancia de entre 6 y 12 kilómetros y al acabar recupere con un trote de 10 minutos. En estas carreras lo esencial es seguir este ritmo durante toda la sesión. El objetivo es que el cuerpo aprenda a sentirse cómodo con el ritmo del maratón.

ENTRENAMIENTO EN CUESTA

Las cuestas mejoran su fortaleza más que cualquier otro componente de entrenamiento. Las series de cuestas hacen que los músculos tengan mayor capacidad de rendimiento. Es también una táctica ideal de entrenamiento para prevenir las lesiones, ya que su cuerpo se ve recibe impactos mucho menores que si corriera cuesta abajo o en llano. Para obtener los mejores resultados, busque una colina de 100 a 400 metros con una pendiente suave, de entre un 50 o 60 por ciento (de 27° a 31°) de inclinación. Una pendiente superior al 70 por ciento (35°) ralentizará su ritmo y reducirá el beneficios del ejercicio.

El entrenamiento en cuesta es un ejercicio insustituible si lo que queremos es desarrollar la velocidad. Para realizarlo, caliente primero con un rodaje suave

Las tres reglas de oro del entrenamiento

Todo entrenamiento físico tiene sus reglas. Son tres: moderación, constancia y descanso. Son sencillas de aplicar, y si las respeta el camino hacia sus objetivos quedará libre y expedito, pues tendrá muchas posibilidades de evitar las lesiones que de otro modo podrían salirle al paso. La primera es la moderación: entrene gradualmente, dando tiempo al cuerpo para que se adapte al esfuerzo. La segunda es la constancia: procure no saltarse un día de entrenamiento, y si se lo salte, empiece de nuevo, no trate de compensarlo trabajando el doble la siguiente sesión. La tercera regla es el descanso: descansar es también entrenar, nunca se salte el reposo entre días de entrenamiento.

Los entrenamientos de ensayo de carrera le prepararán para alcanzar su ritmo de competición. Mire el reloj al final de cada vuelta, para alcanzar el tiempo exacto previsto. Intente correr unos cuanros segundos más rápido que su ritmo objetivo.

durante 800 metros. Luego empiece la subida a trote y aumentando el ritmo conforme vaya ascendiendo. Su cuerpo se inclinará instintivamente en el mismo sentido que la pendiente. Eleve sus rodillas un poco más de lo habitual y bombee con los brazos con más energía para ganar impulso y fuerza. Debe trabajar duro pero sin superar el 80 por ciento de su ritmo de competición, pues de hacerlo se quedaría sin aliento. Acorte el paso según vaya subiendo para mantener flexibles los músculos. Al principio, si lo necesita, puede detenerse en la cima. Realice 4 o 5 repeticiones y recupere entre medias mientras desciende con cuidado. Al correr cuesta abajo vaya a trote lento, controle que la zancada sea corta y que no rebota en exceso, manteniendo los pies cercanos al suelo.

Entrenamiento cruzado

El entrenamiento cruzado o combinado consiste en practicar varios deportes distintos cada semana. Al distribuir el peso del entrenamiento entre diversas partes del cuerpo, el entrenamiento cruzado puede reducir el riesgo de lesiones. Y si se ha lesionado corriendo, le permite seguir entrenando la forma física en una actividad diferente mediante el empleo de articulaciones y músculos no lesionados. Además, el entrenamiento cruzado añade variedad a sus sesiones de ejercicios y le servirá para conjurar un gran enemigo de los programas de entrenamiento: la fatiga psicológica, pues le permite abandonar la rutina diaria e impide que llegue a aburrirse.

Lo más común es realizar prácticas aeróbicas, como nadar, ir en bicicleta o dar largas caminatas, pero pueden ser útiles también otras prácticas deportivas, que aunque menos aeróbicas, sirvan para fortalecer y potenciar, como baloncesto, fútbol, tenis, pádel, piragüismo, etc. Estas sesiones se deben realizar siempre a una intensidad moderada. Para programar las sesiones de entrenamiento cruza-

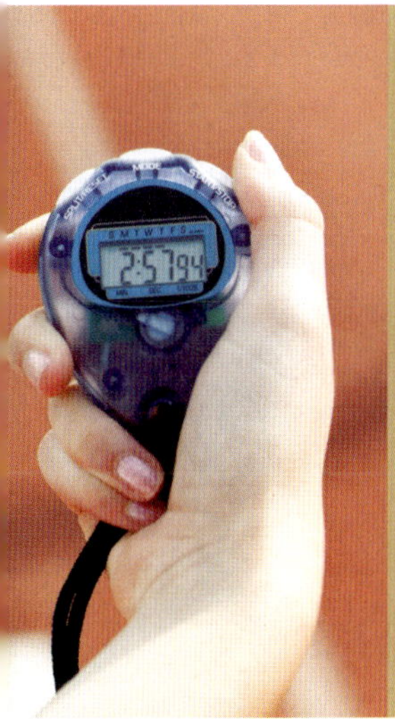

Ejercicio de rotación

Para mejorar la eficacia de carrera del movimiento de pies y piernas podemos realizar ejercicios de rotación o cadencia. Caliente caminando 5 minutos, y corriendo y andando suavemente durante 10 minutos. Comience a trote ligero durante 2 minutos y entonces controle, durante 30 segundos, el número de veces que su pie izquierdo toca el suelo. Descanse caminando durante un minuto y en el siguiente ejercicio de 30 segundos aumente la cuenta en 1 o 2 pasos. Repita el ejercicio sucesivamente intentando aumentar en 1 o 2 pasos adicionales cada vez, hasta alcanzar un número que no puede superar. Cuando sepa cuál es su rotación máxima, intente mantenerla. Este sencillo ejercicio mejora la buena forma de correr. En el proceso de mejorar la eficacia del movimiento, el cuerpo coordina una serie de adaptaciones que hacen que el aparato locomotor y el sistema nervioso trabajen juntos como un equipo eficiente. Pies, tobillos y pernas se refuerzan y corrigen posturas ineficaces. Tocamos el suelo más suave y rápidamente, con mayor eficacia en el plantado para emplear menos esfuerzo al impulsarnos hacia adelante.

do lo ideal es sustituir un día de rodaje y convertirlas en sesiones de recuperación. Si nos estamos entrenando para un maratón, estas sesiones son tan importantes como cualquiera de las otras sesiones de ejercicios, pues sin abandonar la preparación damos tiempo al cuerpo para que se recupere y se fortalezca.

Entrenamiento de intervalos

El entrenamiento de intervalos es la forma más rápida y efectiva de incrementar su ritmo de carrera. Este tipo de entrenamiento implica breves explosiones de aceleraciones intensos, seguidas de carreras de recuperación a ritmo suave tan largas como sea necesario. Los pequeños tramos se corren como un sprint a un ritmo rápido y anaeróbico, es decir, a un 80 por ciento de su frecuencia cardiaca máxima o lo que es lo mismo a un nivel 8 de su tasa de esfuerzo percibido.

El entrenamiento de intervalos mejora la eficacia de su cuerpo para usar el oxígeno mientras entrena a su nivel anaeróbico, lo que, a su vez, le ayuda a incrementar su ritmo base de conversación. La razón es que nos permite elevar el denominado umbral anaeróbico, esto es: llevar más lejos el punto a partir del cual su cuerpo recurre a fuentes de energía anaerobia. Según se ejercite, notará gradualmente que es capaz de seguir funcionando de manera aerobia (con mayor eficiencia) ante mayores esfuerzos. En consecuencia, la próxima vez sus músculos podrán mover su cuerpo más rápido y a mayor distancia sin que usted entre en zona anaerobia, es decir, manteniendo el ritmo sin perder el aliento ni agotarse.

Una sesión de intervalos por semana basta para incrementar su estado de forma. Para estructurar sus sesiones de entrenamiento, tenga en cuenta que los tramos rápidos y duros pueden tener una duración de entre 1 y 3 minutos, que es el máximo de tiempo durante el cual es posible entrenar de modo anaeróbico.

La práctica del ciclismo, junto con la de la natación, son gracias a su bajo impacto las más recomendables para complementar la actividad de correr en la sesión de recuperación con entrenamiento cruzado o combinado.

Luego recupere ralentizando su velocidad hasta llegar a su ritmo de conversación. Su recuperación puede durar hasta el doble que sus intervalos duros, pero, a medida que vaya cogiendo fuerza, estas carreras serán cada vez más cortas. Cuanto más en forma esté, más rápida será su recuperación.

Realice 5 o 6 repeticiones de intervalos rápidos. No deberían medir menos de 200 metros ni más de 1.200. No es necesario que la distancia acumulada recorrida durante estos intervalos supere los 5 km por sesión. Puede medir la duración de sus intervalos en tiempo o en distancia, dependiendo de sus preferencias. Lo importante en este caso es que los tramos estén delimitados por hitos constantes de algún tipo. La superficie ideal para ello es la pista de atletismo. Céntrese más en reducir la duración de sus carreras de recuperación que en incrementar la velocidad durante sus tramos duros.

El fartlek

El fartlek es un tipo especial de entrenamiento similar al entrenamiento de intervalos, pero menos preciso y exigente. *Fartlek* es un término escandinavo que significa «juego veloz» y en efecto se trata de un entrenamiento bastante divertido, sobre todo si se practica en un recorrido natural con varios cambios de relieve. Consiste en una carrera a ritmos variados, en los que se alternan ritmos lentos (sobre las 120 ppm), ritmos medios o carrera en cuesta, que requieren un mayor esfuerzo cardiaco (unas 140 ppm), y un esfuerzo de más entidad (durante el cual se pueden alcanzar hasta las 160 ppm), aunque sin llegar al límite (180 ppm o más) que se alcanza en los tramos duros del entrenamiento de intervalos. Los intervalos de recuperación a trote o ritmo lento pueden ser de hasta 7 minutos. Esta carrera alterna de modo homogéneo y equilibrado diversos factores que intervienen en nuestro rendimiento. Por ello, en lughard e dejarla al azar, la distribución de las dificultades y cambios de ritmo a lo largo del recorrido (pendientes, aceleraciones, escaleras) puede diseñarse a propósito para mejorar capacidades concretas.

Los intervalos de descanso

En cualquier programa de entrenamiento los intervalos de descanso son tan importantes o más que el resto de sesiones. El reposo proporciona a su cuerpo tiempo y energía para adaptarse a los cambios que usted le plantea con el entrenamiento. Cuando su organismo se haya adaptado, será usted más fuerte y más capaz. Sin intervalo de descanso no asimilará todo el trabajo. Además evita sobrecargas y previene de las lesiones que nos pueden hacer perder en una semana lo que hemos ganado en un mes. Después de forzarlos, nuestros cuerpos están programados para reconstruirse, para regenerar las microrroturas de músculos y tendones y acabar siendo más fuertes que antes. Pero para que eso ocurra el trabajo de tensión regular debe ser seguido por un periodo de descanso para fomentar la regeneración.

Al programar su tabla de entrenamiento, asegúrese de espaciar las sesiones de trabajo a lo largo de toda la semana, sin acumularlas en unas pocas jorna-

Energía aeróbica y anaeróbica

El movimiento muscular necesita el uso de un carburante, ya sea glucógeno (procedente de los carbohidratos), ya sea grasas y proteínas (fuentes de energía menos eficientes que el glucógeno). Para que el carburante libere su energía y se produzca la contracción muscular se precisa normalmente la intervención del oxígeno. Este sistema energético se denomina aeróbico porque se lleva a cabo «con suficiente oxígeno». Llegados a un determinado nivel de esfuerzo y tras un cierto periodo de tiempo, el cuerpo es incapaz de absorber oxígeno suficiente para mantener la demanda de su metabolismo. Esto empieza a ocurrir cuando superamos entre el 70 y el 80 por ciento de nuestra frecuencia cardiaca máxima. Cuanto más alto sea nuestro ritmo cardiaco, antes alcanzaremos este umbral. En ese momento se pone en marcha otro sistema energético, denominado anaeróbico porque se lleva a cabo «sin suficiente oxígeno». Este proceso, no eficiente, genera un subproducto llamado ácido láctico, que se acumula en el músculo haciendo que, eventualmente éste deje de contraerse. Por ello cuando corremos a nivel anaeróbico, con deuda de oxígeno, no podemos mantener este estado durante más de unos tres minutos. El sistema de energía aeróbico proporciona una fuente continua de energía, aumentando la capacidad de las fibras de contracción lenta, es decir, las fibras eficientes en el uso del oxígeno. Es lo que ocurre cuando corremos grandes distancias sin forzar el ritmo. El sistema de energía anaeróbico, por el contrario, aumenta las capacidades de las fibras de contracción rápida, es decir, las que utilizan el glucógeno muscular para breves pero intensas contracciones: el tipo de energía necesaria, por ejemplo, para realizar un sprint.

La fase de enfriamiento tras una carrera larga es el momento ideal para hacer una sesión de flexibilidad exigente: los músculos calientes pueden estirarse con menos riesgo.

das. Considere el día de descanso como una sesión de ejercicio en sí misma e inclúyala en como un componente esencial a su programa. De hecho, si se está entrenando para una maratón, el día de descanso después de la carrera larga es la sesión de ejercicios clave. Programe, como mínimo, una sesión de descanso cada seis días. La sesión consiste en no hacer absolutamente nada de ejercicio, ni correr, ni entrenamiento cruzado. Como mucho, un corto paseo para generar endorfinas. No olvide que descansar también es entrenar.

El enfriamiento

El enfriamiento es una parte importante de su programa para correr. Nunca deje de correr a ritmo lento o caminar durante algunos minutos mientras su cuerpo se enfría después de correr. Si su entrenamiento ha sido totalmente aeróbico bastará con que trote suavemente durante 3 minutos para permitir que su cuerpo se recupere antes de irse a duchar. Pero si ha terminado una carrera reñida o ha realizado entrenamiento de intervalos, entrenamiento en pendiente o carreras que impliquen entrar en anaerobiosis, el enfriamiento tendrá que ser más largo y no deberá saltárselo en absoluto. Enfriar favorece que pueda eliminar el ácido láctico de sus músculos, permite que su ritmo cardíaco vuelva gradualmente a su estado de reposo y le ayuda a que su cuerpo restablezca el equilibrio propio de dicho estado. Además, durante el ejercicio los músculos se envaran y, a menos que vuelva a estirarlos, tienden a permanecer rígidos.

Una buena rutina de enfriamiento consiste en caminar o trotar durante unos 10 minutos, sin dejar de mover los brazos adelante y atrás en círculos, y seguidamente realizar ejercicios de estiramiento. De hecho, si desea ganar flexibilidad, aproveche los periodos de enfriamiento para ello: los músculos pueden estirarse más cuando están calientes, de modo que después de correr es el momento ideal para estirarlos. En estas sesiones de estiramientos puede trabajar de manera más intensa, repitiendo 2 o 3 veces por grupo muscular y manteniendo cada posición de estiramiento durante entre 30 segundos y hasta 3 minutos.

El paisaje y su relieve desempeña un papel fundamental en las largas sesiones de entrenamiento. El fartlek requiere de un entorno natural variado con colinas y valles, distintas superficies y sinuosidades que eviten la monotonía de las líneas rectas.

La preparación mental para una carrera de fondo tiene muchos puntos en común con la preparación para el alpinismo. Algo en nuestro interior nos dice que cuando nos acercamos a nuestro objetivo estamos haciendo algo más que mover las piernas.

Capítulo 12

Preparados para la carrera

Una vez que ha realizado todo su entrenamiento físico, y ahora es el momento de prepararse psicológicamente para la carrera. Dos semanas antes, no podrá mejorar su estado de forma, independientemente de cuánto entrene. Ahora, la clave es mantener la mayor parte posible de su rutina, pero a nivel más reducido. Las competiciones pueden ser divertidas, sin importar su nivel. Proporcionan una fuente inmediata de satisfacción y le aportan puntos de referencia en los que basar su entrenamiento. Las carreras cortas sirven de entrenamiento para pruebas más largas.

El plan de entrenamiento

Todo programa de entrenamiento para una carrera de larga distancia debe dividirse en tres fases, relacionadas con las dos capacidades fundamentales para la carrera: la resistencia y el fondo.

La primera fase del entrenamiento hemos de dedicarla a desarrollar la resistencia. Debería ocupar la mitad del tiempo que nos hayamos propuesto en nuestro programa (entre seis y ocho semanas, según el programa sea de tres o cuatro meses) y centrarse en la resistencia muscular, con una atención especial en el rendimiento de las piernas. En esta fase lo importante es prepararnos para cubrir la distancia, por lo que la sesión clave es la carrera larga, con la que debemos empezar y acabar todas las semanas. Una semana típica en la fase de resistencia podría ser un rodaje suave durante unos 30 minutos los lunes; un entrenamiento cruzado de 20 o 30 minutos los martes; hacer series (12 repeticiones x 400 metros) a ritmo de competición el miércoles, aumentando el número de series cada semana; dedicar el jueves al descanso o bien a una sesión de recuperación con entrenamiento cruzado durante 20 minutos; hacer otro rodaje de 30 minutos el viernes; realizar el sábado la carrera larga (en la que recorreremos a ritmo de conversación la mitad de la distancia de la carrera para la que nos estemos preparando), y dedicar el domingo a descansar.

La segunda fase es la que dedicamos al entrenamiento más intensivo de fondo. Ocupará la tercera parte del programa (entre cuatro y seis semanas, según el programa sea de tres o cuatro meses) y en ella nos centraremos en elevar nuestro umbral anaeróbico desarrollando la resistencia cardiovascular a la vez que seguimos aumentando la resistencia muscular. Una semana típica en la fase de fondo podría ser un rodaje suave durante unos 30 minutos los lunes; un entrenamiento cruzado de 20 o 30 minutos los martes; una carrera de media distancia

Moderación en el tramo final

Entrenar duro durante las dos semanas anteriores a la competición, especialmente si se trata de una maratón, no mejorará su estado de forma. Moderar su entrenamiento en cuanto a distancia y esfuerzo, protegerá su cuerpo de las lesiones de última hora y también le proporciona un merecido descanso, durante el cual no perderá ni un ápice de su buen estado de forma. Remate o reduzca la intensidad de sus carreras durante este periodo para evitar las lesiones, maximizar el almacenamiento de glucógeno y conservar su frescura muscular. Moderar implica reducir la distancia que corre y su nivel de esfuerzo; De hecho, podría pasar ese tiempo en la cama, sin hacer nada en absoluto, y aun así no empeoraría. Muchas marcas mundiales se han alcanzado cuando, por culpa de lesiones leves, los corredores han tenido que reducir su entrenamiento durante las dos semanas previas a una carrera.

a ritmo de competición los miércoles; dedicar igualmente el jueves al descanso o bien a una sesión de recuperación con entrenamiento cruzado durante 20 minutos; hacer un rodaje de 20 minutos el viernes; y reservarnos el sábado para la sesión clave de esta fase también, que es una carrera larga en la que recorremos a ritmo objetivo de competición más de tres cuartas partes de la distancia para la que nos estemos entrenando, aumentado la distancia hasta igualar la de la carrera en la última semana. El domingo también se dedica al descanso.

La fase final es la llamada fase de reducción. Durante los diez días o dos semanas finales del periodo de entrenamiento hemos de moderar la distancia y al intensidad de les ejercicios y aumentar el tiempo de descanso, para llegar en óptimas condiciones a la carrera. Una semana típica en la fase de reducción empieza el lunes con un rodaje de 20 minutos; mantiene el martes el entrenamiento cruzado durante 30 minutos; añade el miércoles una jornada de descanso; dedica el jueves a una carrera corta en la que corremos a ritmo de maratón la cuarta parte de la distancia para la que nos estemos entrenando; el viernes de nuevo descanso o en su lugar entrenamiento cruzado durante 30 minutos; el sábado un rodaje de la tercera parte de la distancia de la carrera; y el domingo descanso. En esta etapa como vemos se cambia el protagonismo, y la sesión clave pasa a ser el rodaje suave o el entrenamiento cruzado ligero, tres días a la semana, mientras que la carrera a ritmo de competición pasa a ser la sesión complementaria.

El diario de entrenamiento

Mientras se prepara para correr una carrera de fondo le aconsejamos que escriba un libro. En efecto eso es lo que el cuaderno o diario de entrenamiento que complementa de manera imprescindible el programa. En este cuaderno llevará usted el registro de sus sesiones de entrenamiento, algo esencial para poder monitorizar sus resultados e ir observando su mejora. Este diario cumple muchas funciones beneficiosas. Su función básica y original es anotar todos los ejercicios y resultados del día, a veces con uno o dos breves comentarios. Un diario le proporciona control sobre su entrenamiento y le permite concentrarse

Durante los tres o cuatro meses que dura la preparación para culminar una carrera de fondo, vamos a tener muchas vivencias que nos harán crecer en lo físico y en lo mental. Es muy recomendable que dejemos registrado este proceso en nuestro cuaderno de entrenamiento.

en su día, pero al mismo tiempo le proporciona una idea precisa de dónde se encontraba cuando comenzó y cómo ha ido progresando en términos de forma física y motivación y le ayuda a planificar el futuro determinando, por ejemplo, qué tipo de régimen, tanto de entrenamiento como de alimentación, funciona mejor para usted. Es la herramienta más útil para ayudarle a convertirse en su propio entrenador.

Pero si nos hemos referido al diario de entrenamiento como un «libro» es porque los beneficios de este registro van más allá de lo dicho. Con el tiempo se convierten en el relato de una de nuestras más memorables hazañas. Sus recuadros son lo bastante grandes para anotar en ellos información vital.

Como mínimo debería anotar cada día la fecha, el pulso de la mañana, el tiempo atmosférico, la distancia cubierta y su estado emocional y fisiológico. Y sobre esta estructura puede ir añadiendo las reflexiones, incidentes o anécdotas de la jornada. Al echar la vista atrás podemos observar el progreso con perspectiva. También puede dejar que sus sentimientos fluyan mientras escribe: no necesita mostrarle a nadie su diario, pero cuando lo revise pasado el tiempo, el análisis de su respuesta emocional frente a una dificultad concreta puede resultarle muy útil. El diario le ayudará además a ser sincero consigo mismo a la hora de fijar unos objetivos razonables, progresivos y realizables.

Consejos para la carrera

» No intente nada nuevo durante las dos semanas previas a la carrera: no realice cambios destacables en su dieta o hábitos de sueño, vestimenta ni calzado.

» Compruebe la previsión del tiempo el día antes de la carrera y haga planes en consecuencia. Tiene que dedicar atención a lo que llevará durante la carrera, así como a lo que llevará después de ésta.

» Realice el recorrido previamente, corriendo o en bicicleta, para tener una idea clara del terreno por donde va a correr: si la superficie es hierba, grava o asfalto, el relieve, la situación de las dificultades, etc. Conocer el terreno le ayuda a familiarizarse con él y reducir el estrés. Si es posible, corra uno o más de sus recorridos largos en el trayecto de la carrera. Seleccione un lado de la carretera que tenga más arcén o acera para facilitar los descansos andando.

» También le ayudará saber previamente cómo llegar hasta allí, dónde aparcar (o en que estación salir) y cómo es el lugar. Esto le ayudará a sentirse como en casa en el escenario el día de la carrera.

» Prepare su mochila y su ropa de modo que no tenga que pensar mucho la mañana de la carrera. Si tiene que desplazarse para ir al maratón, empaquete todo en una bolsa de mano, así se asegurará de que no se le perderá nada; si esto no es posible, empaquete al menos el equipo esencial en una bolsa de mano.

» Camine por el lugar para encontrar el sitio en el que desea alinearse. Los corredores principiantes han de colocarse en la parte de atrás. Si está demasiado delante, podría forzar a reducir el ritmo a los corredores más rápidos y además conviene hacer la primera carrera a ritmo lento para vivir una experiencia agradable y esto es más fácil de hacer en la parte trasera del pelotón.

» Recargue hidratos de carbono la noche anterior, pero no coma demasiado. Para que la mayor parte de la comida ingerida sea procesada y útil en la carrera se necesitan al menos 24 horas, normalmente más. Si la competición va a ser por la mañana, la cena debe contener un 65 por ciento de carbohidratos de absorción lenta para abastecer las reservas de glucógeno, así como alguna proteína que se irá transformando y nos proporcionará energía a las ocho horas de su ingesta.

» Procure dormir bien, pero no se preocupe si no lo logra. Muchos corredores no duermen en absoluto la noche antes de la mejor carrera de su vida.

» El día antes, beba regularmente. Si no ha bebido agua o bebidas deportivas en un par de horas, beba unos 250 ml por cada hora. Pero no se exceda en las tomas durante la hora y media previas a la carrera para no tener que orinar durante la prueba. Lo normal es beber entre 180 y 300 ml de líquido unas dos horas antes y esto se suele eliminar completamente del cuerpo antes de la salida. No pruebe ningún refresco nuevo el día de la carrera.

El programa de preparación

Una vez que ha evaluado su estado de forma física, teniendo en cuenta lo que dijimos en el primer capítulo, es muy conveniente que siga un plan de preparación específico para usted. Si lo que desea es prepararse para una carrera de una distancia concreta, y no sólo acabarla sino cruzar la meta antes de un tiempo determinado, tener como guía un programa de entrenamiento, e incluso apoyarlo con nuestro propio diario de entrenamiento, pasa a ser un requisito inexcusable.

Para hacerse con un buen programa de entrenamiento tiene usted dos vías: la primera es construírselo usted mismo documentándose con ayuda de libros, artículos o consejos de compañeros. En este sentido el libro que tiene en sus manos pretende ser una ayuda. La otra manera es recurrir a algún experto en programación de actividades físicas.

» Algunas carreras requieren que recoja su dorsal, y en ocasiones su chip informático el día antes. Échele un vistazo al sitio web o al formulario de inscripción. La mayoría de las carreras le permiten recoger sus materiales el mismo día, pero asegúrese.
» No olvide sujetar bien el dorsal, que debe ir prendido delante de la ropa que llevará cuando cruce la línea de meta. Cada vez más, las competiciones toman electrónicamente su número de dorsal y tiempo cuando cruza la línea de meta mediante un chip informático. Deberá llevar el chip, que normalmente se ata a los cordones de la zapatilla, en la parte superior. Algunas carreras proporcionan una cinta de velcro que sujeta el chip al tobillo o al brazo. Lea las instrucciones para asegurarse de que lo ajusta correctamente. Asegúrese de devolverlo al final de la carrera.
» En la salida vaya lento, con los brazos extendidos para que le protejan, así no le golpearán ni perderá el equilibrio. No empiece a zigzaguear entre los corredores. Sólo malgastará energías y acabará en el suelo. Relájese. Éste es el momento del calentamiento. El camino empieza a aclararse entre los 800 y los 1.600 metros.
» Evite comenzar las carreras demasiado rápido, incluso unos segundos por kilómetro. Las piernas se sentirán mucho mejor si corre más despacio de lo que podría, durante los primeros 3 a 5 km de un recorrido.
» Si corre con otra persona más experta, pídale que vaya un poco por detrás, para que no tire de usted, forzando tu ritmo, y para que sea él quién siga su ritmo. Pero si su objetivo es de tiempo, siga la estela de un rival o de su «marcador de paso» para que le corte el viento y le permita ahorrar energía. Corra tapándose con la mitad de la anchura de sus hombros.
» Realice paradas de avituallamiento cada 5 km. Sería impensable correr un maratón sin beber para hidratarnos y cargar combustible. Una alimentación correcta asegura la cantidad de energía necesaria para afrontar el esfuerzo, pero hemos de recuperar las sales minerales que perdemos con el sudor. Tome bebidas adecuadas que no deben estén excesivamente frías.
» Si toma algún alimento durante la carrera, como las barritas energéticas, deben ser de fácil digestión, y en todos los casos tiene usted que haber experimentado previamente su ingesta durante el entrenamiento. La ingestión de glucosa para evitar la pájara puede producir el efecto contrario.
» Después de la llegada, no se detenga bruscamente. Continúe caminando al menos 800 metros para enfriar. Beba entre 120 y 240 ml de líquido y en la media hora siguiente tome un tentempié con un 80 por ciento de hidratos de carbono y un 20 por ciento de proteínas. Si tiene la ocasión de colocar las piernas en agua fresca durante las dos primeras horas después de la carrera, hágalo durante 10 o 20 minutos.

Existe una tercera manera, que es hacerse con alguno de los numerosos planes estándar que existen. No se la recomendamos. Todo individuo es único y sería un error seguir a ciegas el entrenamiento de un corredor de elite o el de un compañero. En la doble página siguiente, le presentamos un programa básico para acabar una maratón sin objetivo de tiempo. Sólo pretende servirle como orientación base para que usted añada sus ejercicios favoritos en el tiempo y grado de intensidad oportunos para sus circunstancias personales. En otros lugares, como en la web de la revista *Runners* (www.runners.es), puede usted obtener otros planes base para todas las distancias de fondo y para todos los objetivos de tiempo. Pueden serle útiles siempre y cuando realice en ellos las adaptaciones oportunas a su personalidad, capacidades, hábitos y circunstancias vitales, de modo que convierta ese plan estándar en un programa de entrenamiento personal e intransferible.

Semanas	Lunes	martes
01	Rodaje de 9 km a ritmo de conversación	Día de descanso
02	Rodaje de 9 km a ritmo de conversación	Día de descanso
03	Día de descanso	Sesión de intervalos o repeticion
04	Día de descanso	Rodaje de 11 km a ritmo de conversaci
05	Rodaje de 14 km a ritmo de conversación	Día de descanso
06	Día de descanso	Rodaje de 14 km a ritmo de conversaci
07	Día de descanso	Sesión de intervalos o repeticion
08	Rodaje de 15 km a ritmo de conversación	Día de descanso
09	Día de descanso	Sesión de intervalos o repeticiones
10	Rodaje de 14 km a ritmo de conversación	Día de descanso
11	Rodaje de 10 km a ritmo de conversación	Día de descanso
12	Rodaje de 10 km a ritmo de conversación	Rodaje de 10 km a ritmo de conversaci

Programa para la maratón

Miércoles	Jueves	Viernes	Sábado	Domingo	Total
Rodaje de 9 km mo de conversación	Día de descanso	Sesión de intervalos o repeticiones	Sesión de entrenamiento cruzado	Rodaje de 17 km a ritmo de conversación	35 km
Rodaje de 10 km mo de conversación	Día de descanso	Sesión de intervalos o repeticiones	Sesión de entrenamiento cruzado	Rodaje de 19 km a ritmo de conversación	46 km
Día de descanso	Rodaje de 15 km a ritmo de conversación	Día de descanso	Rodaje de 12 km a ritmo de conversación	Rodaje de 21 km a ritmo de conversación	48 km
Día de descanso	Rodaje de 17 km a ritmo de conversación	Sesión de intervalos o repeticiones	Sesión de entrenamiento cruzado	Rodaje de 23 km a ritmo de conversación	51 km
Rodaje de 18 km mo de conversación	Día de descanso	Sesión de intervalos o repeticiones	Sesión de entrenamiento cruzado	Rodaje de 25 km a ritmo de conversación	57 km
Día de descanso	Rodaje de 17 km a ritmo de conversación	Sesión de entrenamiento cruzado	Sesión de intervalos o repeticiones	Rodaje de 26 km a ritmo de conversación	58 km
Día de descanso	Rodaje de 15 km a ritmo de conversación	Día de descanso	Rodaje de 18 km a ritmo de conversación	Rodaje de 28 km a ritmo de conversación	61 km
Sesión de intervalos o repeticiones	Día de descanso	Rodaje de 19 km a ritmo de conversación	Sesión de entrenamiento cruzado	Rodaje de 29 km a ritmo de conversación	63 km
Día de descanso	Rodaje de 19 km a ritmo de conversación	Rodaje de 14 km a ritmo de conversación	Sesión de entrenamiento cruzado	Rodaje de 32 km a ritmo de conversación	65 km
Sesión de rvalos o repeticiones	Día de descanso	Rodaje de 20 km a ritmo de conversación	Sesión de entrenamiento cruzado	Rodaje de 33 km a ritmo de conversación	67 km
Rodaje de 10 km mo de conversación	Sesión de intervalos o repeticiones	Día de descanso	Rodaje de 12 km a ritmo de conversación	Rodaje de 8 km a ritmo de conversación	40 km
ón de entrenamiento cruzado	Rodaje de 10 km a ritmo de conversación	Día de descanso	Rodaje de 7 km a ritmo de conversación	Día de descanso	37 km

Biblok